Rappeur et républicain

Kaotik 747

Rappeur et républicain

Éditions de
L'Observatoire

ISBN : 979-10-329-2476-1
Dépôt légal : 2022, juin

170 *bis*, boulevard du Montparnasse, 75014 Paris

« Soyez le changement que vous désirez voir dans ce monde. »

Gandhi

« La non-violence est une arme puissante et juste, qui tranche sans blesser et ennoblit l'homme qui la manie. C'est une épée qui guérit. »

Martin Luther King

« Il ne faut pas attendre d'être parfait pour commencer quelque chose de bien. »

L'abbé Pierre

Introduction

Lorsqu'en 2019 est sorti mon clip *#Projet18*, qui était un appel au respect des uniformes et qui dénonçait les violences contre les services de secours, une autre violence m'est tombée dessus. J'ai reçu des vagues d'insultes sur tous les réseaux sociaux. Imaginez cette chimère : un rappeur d'origine algérienne qui prend la défense de la police française ! Rien ne m'a donc été épargné : « rappeur facho », « nazi »... Il y eut même des menaces sur mes enfants : « Ne vous inquiétez pas, je sais où habite son fils »...

Cette haine a repris en mai 2021, lors de la manifestation à Paris de policiers déçus et en colère – manifestation à laquelle j'ai bien sûr participé. Les menaces de mort et autres invectives se sont multipliées. J'avais du mal à y croire. Pourtant, je n'avais rien fait d'horrible ! Rien ne justifiait cette violence à mon égard, moi qui demandais juste qu'on en finisse avec la haine.

Lorsque à l'été 2021 j'ai enregistré mon propre hymne pour l'Euro de football, avec ce clip dont je suis très fier où l'on me voyait avec des drapeaux français, un véritable tsunami de bêtise et de racisme m'est tombé dessus. Un jeune Arabe fier d'être français ! Un rappeur qui ne crache pas sur la société ! Aux yeux de certains, c'était une aberration, un *fake*, un pur produit marketing. J'ai reçu des messages grotesques, vulgaires, franchement dégueulasses : « Alors tu as donné ton cul aux Blancs ? », « Tu es le rappeur du RN », « On devrait t'appeler "Kaotik facho" »... Pour *Libé*, j'étais soudain « le rappeur qui ravit la droite ». Dans un article du 28 mai 2021, d'ailleurs toujours en ligne, *L'Obs* a même osé me rapprocher du Ku Klux Klan et des « suprémacistes blancs » !

Mon tort ? Je le répète : chanter encore et toujours que vivre en France est une chance, et afficher les couleurs bleu, blanc, rouge dans mes clips.

Pour riposter à toute cette haine, à toute cette bêtise, à tout ce racisme, j'ai fait des concerts, des vidéos. Je chante, je m'engage. Je n'arrêterai pas. Et pour répondre calmement aux imbéciles, j'ai écrit ce livre.

Chapitre 1

« Touche pas à ma police ! »

Si je suis aujourd'hui considéré par certains comme un rappeur « pro-police », mon histoire avec les forces de l'ordre avait pourtant mal démarré… À l'adolescence, en foyer, je côtoyais tous types de personnes – dont des petits voyous. Autour de moi, des copains volaient. Et moi je rêvais d'un scooter. J'avais mis de côté mes économies résultant de petits boulots et également de l'argent de poche donné au foyer.

Un homme plus âgé m'avait proposé un scooter pour la somme de 200 euros, me donnant rendez-vous à Nice pour la transaction. Sur place, je comprends que le scooter est volé : pas de plaque, des fils qui dépassent… Mais je le voulais à tout prix, pour aller chercher ma copine au lycée et faire le beau. Au moment où je m'empare du casque, tout sourire, je vois une voiture de police se diriger vers moi. Je ne réfléchis pas, je fais démarrer le scooter et je fuis. Une course-poursuite s'engage dans les rues de Nice. Je parviens à les semer avant d'arriver au niveau de la gare Nice-Riquier. Et là : la panne, plus d'essence ! Il me faut alors pousser la machine… Dans mon survêtement Lacoste avec ma paire de

Nike Air aux pieds, j'avais la panoplie parfaite du petit délinquant. Et tout à coup, sans que je réalise vraiment ce qui se passe : balayage et menottes. Les policiers me font monter dans leur Renault Laguna. Je suis arrêté. Un policier me confisque la bombe lacrymogène dissimulée dans l'une de mes chaussettes. La garde à vue commence le vendredi, et c'est le lundi que l'on me présente devant un officier de police judiciaire. Celui-ci voit vite que je ne suis pas le bandit du quartier... À la fin de l'enregistrement de ma déclaration, un membre de la BAC me prend à part. Il me parle comme j'aurais aimé qu'un père s'adresse à moi : il me fait la morale, me demande pourquoi j'ai acheté ce scooter manifestement volé et pourquoi j'ai fui à l'arrivée de la police. Il me demande d'arrêter les bêtises et de faire ce que j'aime. Je me souviens de notre échange comme si c'était hier : « Si c'est le rap que tu aimes, fais du rap ! » m'a-t-il lancé. À partir de ce moment, je n'ai plus jamais fait d'écart. Ce flic a contribué à ce que je suis aujourd'hui, ses propos m'ont été bénéfiques.

Quand je prends position publiquement pour certaines professions comme la police, je pense à lui. J'ai la chance d'être écouté par un certain nombre de personnes et de bénéficier d'un écho médiatique.

Un dangereux effet de mode

Contrairement aux idées reçues, ce ne sont pas seulement des jeunes de banlieue qui agissent comme je l'ai fait. Des hommes politiques, des commerçants, des artistes ou encore des cadres supérieurs s'en prennent parfois ouvertement à la police. Les insultes sont monnaie courante durant un contrôle routier ou lors de l'enregistrement d'une plainte par exemple. Cette défiance transformée en ingratitude suit un effet de mode. Blâmer la police est devenu tendance.

Depuis quelques années, lorsqu'un policier semble avoir mal fait son travail – que cela soit vrai ou non –, la réaction dominante est le lynchage. Bien que cela soit devenu fréquent, je suis sidéré à chaque fois de constater que même certains médias s'y mettent. Ainsi, dans ses émissions sur C8, l'animateur Cyril Hanouna, qui bénéficie d'une audience aussi large que jeune, n'hésite pas à tirer sur l'ambulance. Lorsqu'un jeune, sans casque, perd le contrôle de sa moto non homologuée en voulant fuir la police et meurt, on estime que les policiers sont coupables. Pourtant, chercher à faire un contrôle relève des fonctions des forces de l'ordre. Sur certains plateaux, des intervenants laissent entendre que la police est responsable de ces tragédies. On entretient une victimisation illégitime qui sert de fer de lance à des personnalités médiatiques, des politiques, des associations.

J'ai la sensation qu'un véritable effet de mode s'est créé autour de la question des violences policières. Dans les années 1980, la prise de parole était plus libre, les personnalités médiatiques calculaient moins leurs engagements publics, il y avait une forme de courage. De nos jours, les artistes, les sportifs de haut niveau sont persuadés de rejoindre le camp du bien en crachant sur les forces de l'ordre en toutes circonstances. Ils craignent de déplaire, ont peur d'être moins populaires si leurs positions dénotent dans le paysage actuel.

Société : 0 – Délinquants : 1

Une évidence qu'il nous faut constater : pour l'instant, les délinquants ont gagné. Depuis la fin des années 1990, le ministère de l'Intérieur recommande aux forces de l'ordre de ne pas intervenir lorsque des deux-roues refusent d'obtempérer. Les faits à l'origine de la poursuite ne sont pas particulièrement graves, les policiers ont aujourd'hui pour consigne de ne pas intervenir. Il faut donc laisser le motard ou l'automobiliste fuir. Objectif : éviter que ce dernier ne se blesse ou ne se tue en jouant au chat et à la souris avec l'autorité, et ne pas provoquer des émeutes urbaines. Comment ne pas y voir une forme de soumission ?

Problème : les rodéos urbains se multiplient, créant des drames. En effet, chaque année, ces jeunes sans protection s'amusent à réaliser des acrobaties avec leur moto, leur quad ou leur scooter – pirouettes souvent filmées et relayées sur les réseaux sociaux. Avec la crise sanitaire et le confinement, le phénomène a pris de l'ampleur. Aux nuisances sonores dont souffrent les riverains s'ajoute l'insécurité. Il n'est pas rare que des passants soient percutés par ces dangereux pilotes lancés à vive allure – quand ce ne sont pas eux qui perdent la vie. Les accidents graves, voire mortels, se multiplient. En octobre 2021, une dame de quatre-vingt-un ans perdait la vie à Clermont-Ferrand après avoir été percutée par le conducteur d'un motocross en plein rodéo urbain. N'écoutant que son courage, celui-ci ne s'est pas arrêté, laissant la victime renversée sur le passage clouté, et est allé brûler l'engin. À Vaulx-en-Velin, près de Lyon, c'est un enfant de cinq ans qui a été victime de cette pratique illégale. Les exemples ne manquent pas, des pages entières pourraient être noircies par ces drames qui n'étonnent plus personne en France. En jouant avec leur vie, ces individus en volent.

Malgré ce contexte, régulièrement, des politiciens demandent que l'on désarme la police. Voire qu'on la supprime. Ils ne se rendent pas compte que leurs propos sont dangereux pour le pays. Je pense par exemple au leader de La France insoumise, Jean-Luc Mélenchon. En février 2021, à la télévision, le parlementaire a expliqué souhaiter que les policiers officiant dans les manifestations ne soient pas équipés d'arme. Rien de nouveau de sa part : déjà en juin 2020, à l'occasion d'une manifestation organisée par le collectif La Vérité pour Adama, il lançait devant les caméras un appel en faveur d'« une police aussi désarmée que possible pour inspirer le respect des citoyens ». Démagogisme ? Tenir ce type de propos en public lorsqu'on porte l'écharpe tricolore me paraît irresponsable.

Certains font fi du contexte. Quand le 20 avril 2017 un attentat islamiste vise les forces de l'ordre sur les Champs-Élysées, tuant un policier, le soir même, sur France 2, le représentant du Nouveau Parti anticapitaliste (NPA) et candidat à la présidentielle Philippe Poutou soutient qu'il faut désarmer les forces de l'ordre. Selon lui, la police ne « nous protège pas, ça tue, ça blesse ». Quelques jours plus tard, sur LCI, le candidat à la présidentielle récidivait en évoquant les policiers pris pour cible par Daesh : « S'ils n'étaient pas armés, peut-être qu'ils n'auraient pas été visés. » Une position qui est devenue sa triste signature. Ainsi, en octobre 2021, Philippe Poutou expliquait une partie du programme du NPA aux journalistes de BFM TV : « On pense qu'il faut désarmer les policiers qui sont en contact avec la population. » J'en veux à ces gens qui jettent de l'essence sur un feu déjà grand. Comment voulez-vous ensuite expliquer aux jeunes générations qu'il faut respecter les institutions de notre pays ?

Les complices de la culture

Les politiques ne sont pas les seuls à aggraver cette rupture entre citoyens et policiers. Le monde de la culture n'est pas en reste quand il s'agit de cracher sur ceux qui les protègent.

Le célèbre acteur Omar Sy en a fait son cheval de bataille. L'acteur a été la première personnalité à s'engager auprès de la famille d'Adama Traoré, sachant visiblement avant tout le monde – enquêteurs, juges… – ce qu'il s'était passé lors de la mort du jeune homme de vingt-quatre ans. « À lui, comme à George Floyd, la justice a inventé “une cardiopathie", des cœurs défaillants. Mais je n'ai qu'une seule question, et c'est la seule qui compte : ces hommes seraient-ils morts s'ils n'avaient croisé la route des forces de l'ordre ? » écrivait, en 2020, dans *L'Obs*, celui qui vit depuis dix ans aux États-Unis dans les quartiers très chics de Los Angeles. À le lire, la situation des Noirs aux États-Unis est comparable à celle des Noirs en France. Le millionnaire estime qu'il court lui aussi un sérieux risque : « Je mesure 1,92 mètres, je suis noir, je leur ressemble. Est-ce qu'il peut m'arriver la même chose qu'à eux demain ? » L'importation de ce problème états-unien en France par la star est aussi passée par une pétition ayant recueilli pas loin de 200 000 signatures.

Je ne nie pas que des brebis galeuses peuvent exister au sein de la police, comme dans d'autres corps de métier. Et que ces individus ne méritent pas l'uniforme qu'ils portent. Cela étant dit, en France, ils sont minoritaires. Encore une fois, si l'on est juste, il s'agit de juger les cas problématiques et non l'ensemble de la corporation.

Dans la famille des artistes opprimés par la police, je demande ensuite Camélia Jordana... En mai 2020, dans l'émission de Laurent Ruquier « On n'est pas couché », sur France 2, la chanteuse expliquait qu'elle ne se sentait « pas en sécurité » en présence de policiers. Celle qui se considère comme une « femme racisée » affirmait que « les hommes et les femmes qui vont travailler tous les matins en banlieue » peuvent être victimes de « massacres » pour « nulle autre raison que leur couleur de peau ». À écouter cette jeune fille d'origine algérienne, issue d'un milieu bourgeois, la police française est raciste, n'obéit à aucune règle, est composée de miliciens et mate la population des quartiers – une interprétation toute particulière du réel…

Les policiers que je rencontre présentent un profil bien différent. Ils se sont engagés pour servir leur pays et les Français – des raisons nobles. Hier, porter l'uniforme était une fierté, aujourd'hui c'est un danger. Bon nombre de policiers préfèrent se changer, enfiler des vêtements civils pour rentrer chez eux. Effectuer le trajet entre le commissariat et la maison en tenue fait courir un risque à ces fonctionnaires. Rares sont ceux qui recommandent à leurs enfants d'embrasser ce métier. D'ailleurs, les policiers demandent à leur progéniture de taire leur profession à l'école pour des raisons de sécurité. Peu de reconnaissance, des conditions de travail difficiles, une rémunération peu élevée compte tenu de la pénibilité, une crise de la vocation, un climat « anti-flic »… Cette profession, véritable mission de service public et d'intérêt général, est en crise. Entre les attentats et les différentes crises sociales, les policiers sont particulièrement sollicités. L'administration ne suit pas : la vétusté des locaux et les heures supplémentaires non payées ajoutent au malaise. Résultat, la détresse est surreprésentée au sein de la profession. Selon une étude réalisée par la MGP – la mutuelle des forces de sécurité – mise en avant par France Info, 24 % des policiers interrogés ont envisagé de se suicider ou ont entendu des collègues vouloir le faire au cours des douze derniers mois. L'enquête souligne que « 40 % des policiers sont en détresse psychologique », les plus affectés ayant entre trente et trente-quatre ans. Pas étonnant que l'on observe une surmortalité par suicide des policiers. En 2019, 59 agents se sont donné la mort. Pourquoi être si peu sensible à ces répercussions psychologiques ? Ce manque de reconnaissance et de respect de la part de tout un pan de la société française s'accentue au fil des années.

« *#Projet18* »

Aujourd'hui, les relais manquent. Nous bâtissons trop peu de ponts entre les jeunes et les forces de l'ordre. C'est pour y remédier, du moins, apporter ma pierre à l'édifice, que j'ai écrit « #Projet18 ». Il s'agit d'un morceau que j'ai composé et à partir duquel j'ai fait un clip tourné à Nice, au centre culturel Le 109 et dans le quartier de Las Planas. Ma question au départ était la suivante : « Pourquoi s'en prendre à ceux qui portent un uniforme quand ils sont prêts à donner leur vie pour vous ? » « #Projet18 » met en avant policiers, pompiers, personnel médical... Cette chanson raconte l'histoire d'un jeune à l'origine d'affrontements avec des pompiers lors d'une intervention dans son quartier. Plus tard, il retrouve son père allongé sur le sol. Sa mère a composé le 18, mais les services d'urgences ne viennent pas : le camion s'est fait caillasser par des jeunes. Pour la première fois en France, le tournage de ce clip de rap a été réalisé avec de véritables policiers, pompiers et membres du Samu, qui y jouent leur propre rôle. Certains habitants se sont retrouvés acteurs le temps du tournage. Un an de travail a été nécessaire pour aboutir à cette vidéo. Le rap est la musique la plus consommée par les jeunes générations, « #Projet18 » se veut préventif et pédagogique alors que les interventions des services d'urgence sont de plus en plus compliquées. La vidéo compte plus de 500 000 vues sur YouTube. Et la moitié des bénéfices ainsi générés sont versés à des associations œuvrant pour des enfants appelés « pupilles de la nation », ces mineurs dont l'un des parents a été blessé ou tué en service.

Cette prise de position a-t-elle été bénéfique pour moi ? La réponse n'est pas si évidente... À la suite de la diffusion de ce clip, j'ai reçu des vagues d'insultes, d'abord sur Twitter. Rien ne m'a été épargné : « rappeur facho », « nazi », des messages de menace comme « ne vous inquiétez pas, je sais où habite son fils »... Heureusement, beaucoup de Français m'ont manifesté leur soutien, prouvant que le message a été bien compris par la majorité du public.

Jamais dans les quartiers de Nice on ne m'a manqué de respect. Tous ne sont pas d'accord avec moi mais généralement le courage de mes positions est reconnu. On fait naître le débat, avec du respect. Je veux réparer le lien entre police et jeunes et mène pour cela des actions de prévention en la matière en tant que médiateur de la ville de Nice. Des jeunes me racontent qu'ils se mettent à courir sans réelle raison dès qu'ils voient les forces de l'ordre, pour éviter d'être contrôlés – un automatisme. Lors d'une rencontre, j'ai posé la question à l'un d'eux, cuisinier et sportif, sans casier : « Pourquoi fuir alors que tu es honnête ? » Sa réponse a été directe : « Parce que j'ai peur de la police. » On échange, on discute du bon comportement à avoir, des difficultés rencontrées avec les policiers. Ce qui domine, c'est un climat de tensions ne servant aucune des deux parties. Il y a ces contrôles plus durs que d'autres, l'usage du tutoiement, le recours à la force... Bien que derrière chaque uniforme se trouve un homme, une femme, aux yeux de bien des jeunes, le policier apparaît déshumanisé, considéré comme un robot ! J'ai raconté à certains de ces jeunes la technique que nous avions mise au point, adolescents, avec les potes. L'idée était d'éviter que les choses s'enveniment lors de contrôles d'identité. On était un groupe de quatre, cinq jeunes, et ces contrôles nous embêtaient toujours un peu. Être plaqué contre le mur, palpé et fouillé devant les copines, n'était pas agréable. On ne fumait pas de cannabis, à vrai dire notre seul centre d'intérêt était les filles et le rap. Au moment du contrôle, on vouvoyait dès le début les policiers et on sortait la carte d'identité en les voyant arriver. Au bout du troisième contrôle, les policiers nous avaient identifiés, ils savaient que l'on ne posait pas problème. Et l'un d'eux finit même par faire preuve de curiosité : il voulut écouter les maquettes de nos morceaux.

Respecter les forces de l'ordre n'a donc rien d'antinomique avec le rap.

« #Projet18 »

[Couplet]

L'histoire que j'viens conter est triste, mais malheureusement vraie
Tu vas l'entendre maintenant car tu es malheureusement prêt
L'histoire d'un jeune devenu assassin à seize ans
Perdu et mal à l'aise, j'écris son histoire sur du ciment frais
Tu sais, tu en avais de la chance
Ton père travaillait dur juste pour t'offrir des vacances
Ta mère enchaînait les ménages pour gagner deux, trois thunes
Follement obsédée à l'idée de t'offrir de jolies études
Toi tu aimais la zone
Tu préférais ce rap dans lequel tes idoles irresponsables t'ont fait quitter l'école
Les filles, les armes, les liasses t'ont éloigné du bac
Alors depuis tu squattes le hall vrai chef de bande tu veux remplir le sac
Faire le malin devant les enfants de dix ans
Alcool à la main tisant en leur disant : « Reste tranquille, ou j'te brise hein ? »
L'histoire que j'viens conter est triste, mais malheureusement vraie
Tu vas l'entendre maintenant car tu es malheureusement prêt…

[Refrain]

Ils ont osé manquer de respect à nos anges
À l'encre rouge j'écris mes rimes
Reflet d'un monde étrange
Pardonnez-leur

Leurs bêtises me dérangent
Acceptez mes louanges
Je ferai tout pour que le monde change

[Couplet]

Vaincu par l'ennui t'es devenu le boss des mômes
Dans tes yeux aucune envie, mis à part les grosses sommes
Les secondes tu les tuais aussi vite que tes clopes
En tête t'avais ces clips qui te faisaient haïr les uniformes
Il est quatre heures et demie les enfants quittent l'école
Alors le boss reprend son rôle et regagne aussitôt son hall
Tout à coup, un cri se fait entendre
En poste en haut des tours ton ami guetteur se fait comprendre
Pas d'échelle sociale pour aller vers le sommet
La bande fait face aux pompiers
La récréation a sonné
Tous excités par l'arrivée de ces braves hommes
Ils ont quitté le hall pour se poster au-dessus de la zone
Le cœur froid
Parpaing au bout des bras
Les anges étaient les proies d'une bande d'inconscients sur un toit
Le face-à-face aura duré plus d'un quart d'heure
Le chef de bande lui est heureux d'être à l'origine des dégâts
Intervention impossible pour les pompiers au grand cœur
« Un homme est mort, échec de la mission. »
Une heure après
Le jeune repart chez lui, appuie sur l'ascenseur, entend des cris et se met à courir vite
Il ouvre la porte de l'appart
Son père est allongé au sol, maman pleure
Elle avait composé le 18

L'histoire qu'j'viens conter est triste, mais malheureusement vraie
Tu l'as entendue maintenant car tu étais malheureusement prêt

[Refrain]

Ils ont osé manquer de respect à nos anges
À l'encre rouge j'écris mes rimes
Reflet d'un monde étrange
Pardonnez-leur
Leurs bêtises me dérangent
Acceptez mes louanges
Je ferai tout pour que le monde change.

Chapitre 2

La vraie vie dans les cités

Enfant de la Ddass, j'ai été placé dans une famille d'accueil à l'âge de neuf mois. Ma famille d'accueil habitait à l'est de Nice, dans la cité de Saint-André-de-la-Roche. Hanté par mon passé, j'y vis encore aujourd'hui. C'est une résidence plutôt calme, qui ne répond pas à tous les préjugés que l'on peut avoir sur les quartiers populaires. Tout le monde se connaît, une véritable mixité sociale et culturelle existe, et les problèmes de sécurité sont rares. Néanmoins, j'ai bien conscience que cet équilibre n'est pas une vérité dans tous les quartiers de France. Dans les années 1970, les politiques et urbanistes ont vendu aux Français les cités comme étant quelque chose de beau, lieux de la cohabitation parfaite d'habitants venus de pays différents, avec leur culture et leur religion.

Dans les années 1980, le mythe s'est fissuré. On a implanté des pharmacies, des boulangeries, des épiceries dans certaines cités jusqu'à créer une ville dans la ville. Plutôt que de les ouvrir sur le monde, ces cités se sont refermées. Elles ont été délaissées. J'ai la chance d'y entrer facilement grâce au vecteur du rap et à ma casquette de médiateur de la ville de Nice. Cela me permet de discuter aussi bien avec des dealers que des familles intègres. Aujourd'hui, policiers, pompiers et médecins ne peuvent pas toujours y pénétrer sereinement. La montée de la violence, du trafic de drogue et de l'islamisation a eu raison de la République. Et les premières victimes sont ces jeunes issus des cités ou des quartiers, parfois des « territoires perdus de la République ». Ils sont trop souvent le fruit d'une France isolée. Quand je vois un jeune de dix ans traîner le soir dans ces cités, je vois l'illustration de quatre décennies d'abandon.

Un problème d'éducation ?

Que l'on soit clair : l'abandon n'est pas seulement le fait des pouvoirs publics. Il est facile, trop facile, de pointer du doigt uniquement les politiques. L'éducation relève de la famille et les parents portent la responsabilité première. Ils sont trop nombreux à estimer que l'encadrement est la prérogative de l'Éducation nationale.

La rupture entre une partie de la jeunesse et les institutions du pays se fait de plus en plus visible. Beaucoup de jeunes, appartenant parfois à la quatrième génération d'immigrés, crachent sur la France, s'en prennent à ses symboles. Il faut dire qu'en matière d'éducation, l'écart est immense entre les familles d'il y a quarante ans et celles d'aujourd'hui.

J'appelais « grand-père » ou « papi » mon père adoptif et « grand-mère » ou « mamie » ma mère adoptive, une manière d'acter la différence de peau entre eux, français de souche, et moi enfant d'origine algérienne.

Lui était maton à la prison de Nice. Elle, assistante maternelle. C'était un homme froid, pour ne pas dire glacial. À la maison, aucune marque d'amour ni même d'affection, il ne m'a jamais dit : « Je t'aime. » Il finissait son service vers 18 heures. Avant qu'il rentre, il fallait que l'on soit dès 17 h 55 à la maison. J'avais peur de faire des bêtises, désobéir n'était pas une option. Par exemple, si je rentrais à la maison avec un ballon ou un tee-shirt qui ne m'appartenait pas, la rouste tombait, sans autre explication. Et on m'envoyait me coucher sans passer par la case dîner. L'éducation se résumait aux châtiments corporels et aux insultes. La crainte et l'intégrité allaient de pair. Bien qu'excessive, je dois admettre que cette droiture m'a été bénéfique. Ce grand-père est peut-être l'homme qui m'a fait le plus de mal, mais aussi le plus de bien... Il faut dire que je fais partie de ces enfants qui n'ont pas été traumatisés par les fessées.

Les temps changent, hier ne ressemble pas à aujourd'hui. À bien des égards, ces changements sont louables. La dureté d'antan a aussi fait beaucoup de mal. Les coups, les mots marquent une vie. Mais l'interdiction de la fessée m'apparaît être une aberration. Je fais partie de ces Français qui, en 2019, n'ont pas compris que les sénateurs aient voté la fameuse loi relative à « l'interdiction des violences éducatives ordinaires ». Clarifions les choses : je ne fais pas l'apologie de la violence, il ne s'agit pas ici de promouvoir la maltraitance. D'ailleurs, il me semble qu'existe déjà un véritable arsenal législatif permettant de sanctionner ces violences. Mais la fessée en tant que correction mesurée et ponctuelle ne peut être considérée comme de la maltraitance. Au contraire, elle permet de fixer des limites aux enfants. Dans un monde où la frustration est de moins en moins acceptée par la population, maintenir l'autorité parentale est un impératif. L'éducation dite positive, sans hiérarchie, produit souvent des enfants capricieux et des adultes malheureux. Petit à petit, nous sommes passés d'un extrême à un autre, d'une éducation violente et sans empathie apparente à un modèle où tout doit être possible dès lors que l'enfant le demande – pour le plus grand plaisir de l'économie capitaliste. Quand on voit des parents offrir à leurs enfants des iPhone à 1 000 euros, on peut se poser des questions. Et parfois, des jeunes rentrent à la maison avec des objets représentant un mois de loyer sans que les parents aient envie de s'interroger sur l'origine dudit objet. L'argent vient de la rue et a été gagné de manière illégale. Beaucoup d'adultes qui travaillent ont bien du mal à accéder à ce type de consommation… Je ne dirais pas que ce phénomène n'existait pas lorsque j'étais adolescent, mais il était marginal. J'ai fait des bêtises que l'on pourrait qualifier de légères. Autrement dit, je n'ai jamais été un méchant, mon illégalité avait des limites. À seize ans, à la suite de mon placement en foyer au nord de Nice, il a fallu apprendre à se faire respecter, à faire face à la violence. Contrairement à d'autres, j'avais reçu une certaine éducation grâce à ma famille d'accueil. La première semaine passée dans l'institution, j'ai pleuré tous les jours. Il a fallu ensuite apprendre à se faire respecter des caïds des lieux. À ce moment-là, certains copains volaient. Je les entends encore dire : « On va se faire une Opel Corsa ! » Le soir, je préférais rentrer bosser mes textes de rap. J'ai aimé la rue, mais voler, pas vraiment. Dans la rubrique des bêtises, il y avait ces faux pochons de shit que je fabriquais avec les copains. La recette était simple : on faisait chauffer de la terre avec un briquet avant de la glisser dans des sachets. On les vendait aux touristes anglais ou américains. Ils partaient avec de la terre pour 100 francs, ça nous amusait ! Mais voler une voiture appartenant à quelqu'un qui travaille, cela ne m'a jamais attiré. « Les temps changent » chantait MC Solaar en 1997... Quand j'avais treize ou quatorze ans, avec les autres gamins du quartier, on courait après un ballon, pas après l'argent. L'appât du gain a désormais remplacé le terrain de football. D'ailleurs, l'argent gagné par le trafic de drogue par exemple n'est que rarement investi, il ne sert qu'à la consommation immédiate, pulsionnelle.

Le manque de repères

Les réseaux sociaux ne sont pas neutres, leur responsabilité est importante. Les jeunes cherchent à briller sur Instagram ou Snapchat. L'objectif est de se mettre en avant, quitte à basculer dans la surenchère. Ces nouveaux modes de communication vantent la surconsommation, mettent en avant l'abondance. Certains se créent une identité, la nourrissent, l'entretiennent. L'argent, le luxe, et même parfois la drogue... Tout est bon pour faire croire que l'on est riche et libre. À cela s'ajoute la sexualisation des contenus. Les corps filtrés et dénudés s'affichent sur les écrans. Pas étonnant que les jeunes femmes développent des complexes devant ces clichés faux et parfaits... Les stars du rap, du football ou de la téléréalité deviennent les modèles d'une génération qui peine à distinguer le monde virtuel du réel. Nous le savons aujourd'hui, les réseaux sociaux accentuent l'addiction aux écrans chez les jeunes. Une situation qui, en tant que père de deux enfants, m'inquiète. J'essaie d'inculquer à mon fils âgé de neuf ans des choses que je juge essentielles. On développe des liens avec la nature, avec les animaux... Ce qui ne l'empêche pas de jouer aux jeux vidéo. Mais il ne traîne pas dans la rue à 21 heures, ou sur YouTube sans contrôle du contenu. Mes deux enfants influencent l'écriture de mes textes. Quand j'écris une chanson, je pense toujours à mon fils et ma fille de trois ans aujourd'hui. Mes chansons sont de petites tranches de testament. Je m'interroge toujours : « Ce que je suis en train d'écrire sera-t-il bénéfique pour mes enfants quand ils seront en mesure d'en comprendre les sens ? » Mes textes apparaissent généralement humanistes, utopistes pour certains, qu'importe. Le poids de la responsabilité en tant que père pèse sur mes épaules et je l'accepte. Rien de surprenant si je regarde derrière moi. À l'adolescence, mes modèles étaient IAM et MC Solaar. Mais aussi Daniel Balavoine, Coluche ou encore l'abbé Pierre. Ils m'ont donné envie de croire en l'humain. Je suis sensible à l'idée du bien que prônait Balavoine par exemple. Ces figures m'ont permis de cultiver très jeune, sans même m'en rendre compte, un côté utopiste. Pourtant, s'il fallait généraliser, l'ado de nos jours préfère écouter des chansons violentes, plutôt qu'un rap engagé proposant un discours positif. L'agressivité paie : le buzz est garanti et la jeunesse se retrouve alors biberonnée à la violence. Il est difficile d'être l'enfant de son époque… J'ai l'impression que le monde est une cave dans laquelle on aurait balancé un chiot, ne lui offrant ni la lumière ni l'espace pour lui permettre de s'épanouir.

La société a avancé, des progrès sont louables, d'autres changements apparaissent bien moins positifs. Grandir avec des limites et des repères est un impératif pour un enfant. Or, les familles monoparentales explosent. Et ce sont les mères qui sont en première ligne : 85 % des familles monoparentales sont composées de mères seules avec des enfants. Elles se retrouvent trop souvent isolées, tentant de concilier vie professionnelle – parfois précaire – et éducation des enfants. D'ailleurs, parmi elles, une sur trois vit sous le seuil de pauvreté. Il m'arrive de discuter avec des femmes dans cette situation, qui me font part des problèmes rencontrés au quotidien : peu diplômées, elles sont contraintes d'accepter des emplois mal payés, aux horaires contraignants, des temps partiels... Aux soucis financiers s'ajoutent des préoccupations en matière d'éducation. En effet, la délinquance et l'échec scolaire sont surreprésentés dans les foyers en situation précaire. Le risque de décrochage scolaire est plus important dans les familles monoparentales ou nombreuses, dans la mesure où le parent manque de temps pour l'aide aux devoirs à la maison et/ou de ressources culturelles. Quand ces faiblesses d'ordre économique, familial et culturel s'additionnent, la situation peut devenir dramatique. Rien n'est systématique, la fatalité n'existe pas. Cependant, ces facteurs doivent être considérés. Ces femmes « solo » se battent pour garder la tête hors de l'eau et éviter que leurs enfants soient livrés à eux-mêmes, notamment en leur absence.

Cette fragilité est aussi la conséquence des nouveaux modes de vie. Du fait de l'éclatement des foyers – essentiellement pour des raisons professionnelles –, les liens familiaux s'en trouvent affectés. Il est fini le temps où un parent pouvait compter sur la grand-mère ou l'oncle de l'enfant pour l'éducation. La famille élargie a été remplacée par la famille nucléaire et, maintenant, la famille monoparentale... L'absence du père peut avoir de lourdes conséquences. Elle explique en partie les problèmes d'autorité des jeunes.

Quand je parle de père absent, j'évoque par là différentes réalités : que ce soit une absence physique – le père n'ayant pas reconnu sa paternité par exemple – ou alors une absence de fait – le père n'investissant jamais son rôle à la maison. Je parle en connaissance de cause : mon géniteur ne m'a pas élevé. Interdit de territoire français, il réside en Algérie. Pour des raisons professionnelles, je vois régulièrement des jeunes ayant toutes les peines du monde à saisir l'importance de la hiérarchie, en crise d'autorité, incapables d'accepter les consignes et de gérer la frustration. Très souvent, à l'origine se trouve un père défaillant. Le jeune ne respecte alors pas sa mère et, tel un effet domino, ne respectera pas ses enseignants et encore moins la police !

La chance d'avoir des projets

Force est de constater que l'effort n'est plus à la mode. Se donner les moyens de ses ambitions ne va plus de soi. Actuellement, la jeunesse veut tout, et tout de suite. On essaie quatre ou cinq jours, et on abandonne. J'aurais pu tomber aussi dans ce travers. Mon déclic est né d'une tragédie, alors que j'avais vingt-six ans – la mort de ma mère. Celle-ci, après avoir traversé des années de précarité, avoir connu la rue, est décédée du sida en 2009. Elle pesait à ce moment-là 39 kilos. Je l'ai enterrée, j'ai moi-même fermé le cercueil. En rentrant chez moi après la cérémonie, j'ai fait un tableau. Sans me censurer, en toute vérité, j'ai noté tout ce qu'elle représentait pour moi : la rue, la drogue, l'alcool, la sédentarité – elle n'a jamais travaillé, ni voyagé, ni même passé le permis de conduire… De l'autre côté, j'ai inscrit ce que je souhaitais, des rêves, des vœux en opposition avec la vie de ma génitrice. En un sens, j'ai accepté la vie. Sans me poser de question, j'ai pris un billet d'avion pour partir le lendemain aux États-Unis. Puis j'ai passé le permis de conduire. Le monde était à moi. Voilà dans quel état d'esprit j'évolue depuis la perte de ma mère. J'ai des hauts et des bas, certes, mais l'énergie ne me quitte jamais vraiment. Ainsi, en 2018, je suis allé voir les potes en bas du bâtiment de ma cité de Saint-André-de-la-Roche et je leur ai confié vouloir faire un morceau avec IAM. Sans surprise, ils ont éclaté de rire, ne me prenant pas au sérieux. Mais je me suis lancé, j'y ai cru, j'ai galéré, mais je n'ai pas lâché. Quelques mois plus tard, ils m'ont interrogé, un brin moqueurs : « Alors, ça avance avec IAM ? » Ma réponse ne s'est pas fait attendre : « Je n'ai pas fait qu'un titre, j'en ai fait deux ! »

Saïd Radjiabou, membre du légendaire groupe IAM, a écrit avec moi un texte avant de poser sa voix. Naissait « Petits anges », un titre dédié aux enfants malades. Pour la réalisation du clip, pendant neuf mois – soit la durée d'une grossesse –, nous avons sollicité des personnalités sensibles à cette cause. Plus de quarante célébrités du spectacle et du sport ont répondu présentes, acceptant de soutenir la fondation Lenval qui gère un hôpital pédiatrique azuréen. Parmi ces chanteurs, acteurs ou footballeurs, Black M, Shurik'n, The Avener, Amir, Jean-Pierre Papin, Franck Dubosc, mais aussi l'OM ou l'OGC Nice ont participé au projet. Tout cela sans maison de disques, ni argent. Faute de moyens, on a demandé aux stars de se filmer en position horizontale avec leur Smartphone. Depuis décembre 2019, le clip est en ligne sur YouTube et la chanson disponible depuis janvier 2020 sur les plateformes de streaming comme Deezer, Spotify ou encore Apple Music. Chaque écoute permet de récolter de l'argent. Une convention a été passée : tous les six mois, les sommes sont versées à la fondation Lenval.

La seconde collaboration avec l'un des membres d'IAM s'est concrétisée en avril 2021. Avec l'un des membres du groupe, Shurik'n, nous avons écrit la chanson « Humbles guerriers ».

Lors d'un repas, il y a plusieurs années, avec le maire de Nice Christian Estrosi, le président du conseil régional de la Paca Renaud Muselier était monté sur scène et avait dit : « Savez-vous quelle est la différence entre Estrosi et un pitbull ? Le pitbull abandonne parfois… » Cette phrase m'est toujours restée. Il faut rêver tout en cherchant et en acceptant le dépassement de soi, l'effort. Depuis le décès de ma mère, je suis obsédé par le temps qui passe. Quand on vit au onzième étage d'une cité, on a le sentiment de ne pas être grand-chose, et on veut aller plus loin. Il s'agit alors de rester sérieux dans ses objectifs, dans son hygiène de vie, et ne pas baisser les bras. À force de semer, on finit par récolter.

« Deviens quelqu'un »

Toi, tu ferais quoi à ma place, hein ?
Toi, tu ferais quoi à ma place ?
Tu attendrais de voir le monde tourner ?
En espérant le voir se consumer
Tu attends ton heure sur les bancs du quartier en fumant des joints
Tes rêves partir en fumée
T'as la chance d'avoir des parents qui t'aiment
T'as la chance d'avoir des amis qui t'aident
Poto j'ai connu le foyer la Ddass la crasse et ce passé qui te malmène
J'ai toujours bossé pour devenir quelqu'un
Je n'ai jamais voulu faire comme les autres
Seul sur le quai je suis monté dans le train
Je n'ai pas attendu que la chance tape à ma porte
Ma porte…
Il n'y avait personne pour l'ouvrir
J'ai squatté la rue toute la nuit
Y avait personne pour m'dire : « Rentre, rentre
Viens dormir maintenant… »
Mais moi j'ai refusé de dormir
Je voulais devenir quelqu'un
Je me suis remis en question, j'ai bossé pour devenir un gars bien
J'ai bâti mon monde avec peu d'choses
Un peu d'amour et beaucoup d'proses
J'ai fui mes problèmes
Gardé ceux que j'aime
La musique dans mes veines à grosses doses
Je rêve de te donner l'envie de te surpasser pour que tu deviennes quelqu'un

Je rêve de te voir en haut de l'affiche, je rêve de te voir assis dans le même train
Je rêve de te voir vivre sans addiction
Ma vie peut devenir ta partition
Mon passé peut te servir de leçon
Si tu m'cherches j'suis derrière ton dos...

Seul le ciel peut devenir ta limite
Tu rêves de toucher la lune assis sur les bancs du quartier
Noyé dans la fumée de ton herbe et de ton shit
Je n'ai jamais croisé la chance dans nos escaliers
Alors bosse, bosse, bosse deviens quelqu'un
Ne laisse jamais personne guider tes rêves
Bosse, bosse, bosse, deviens quelqu'un
En guerre contre moi-même, je ne connais pas la trêve

Seul le ciel peut devenir ta limite
Tu rêves de toucher la lune assis sur les bancs du quartier
Noyé dans la fumée de ton herbe et de ton shit
Je n'ai jamais croisé la chance dans nos escaliers
Alors bosse, bosse, bosse deviens quelqu'un
Ne laisse jamais personne guider tes rêves
Bosse, bosse, bosse, deviens quelqu'un
En guerre contre moi-même je ne connais pas la trêve

Chapitre 3

Le racisme : entre réalité et fausse excuse

J'ai beau m'appeler Karim, je n'ai pas baigné dans la tradition musulmane. Placé bébé dans une famille française d'origines polonaise et espagnole, j'ai grandi dans une famille de culture catholique, sans réelle pratique. Ma rencontre avec le racisme a eu lieu à l'école, en primaire plus précisément. À cette époque, les enfants m'appelaient « le gris », en référence à ma couleur de peau. Ils ne comprenaient pas le décalage entre ma grand-mère adoptive, blanche, et moi, petit garçon d'origine algérienne basané aux cheveux bruns et bouclés. J'ai eu de la chance, cela a vite pris fin. Plus tard, c'est en fréquentant des clubs de football que j'ai dû faire face à des réflexions et des comportements transpirant la haine.

En fait, les comportements racistes se sont révélés bien plus tenaces et durs au sein de ma famille d'accueil. À la cité Saint-André, mon grand-père adoptif, d'origine espagnole, n'a jamais vraiment cherché à dissimuler son intolérance. Chaque soir, au moment du dîner, devant le journal télévisé, en bout de table, il exigeait le silence. Seule la télévision était audible. Je me souviens très bien de la tournure que prenaient régulièrement ces repas : lui, imposant, torse nu, lunettes sur le nez, mangeant tout en tapant du poing sur la table... Il commentait l'actualité de la même manière : à l'écouter, Le Pen avait raison, les « youpins, les bougnoules, les Noirs » n'avaient rien à faire en France. Et moi, à table avec lui... En un sens, c'était là mes premiers rapports avec la politique. Je ne comprenais pas bien ce qui se jouait. Comme souvent dans les cités, les murs de l'appartement étaient fins. Et les voisins entendaient ces insultes racistes ; trente ans plus tard, certains me l'ont confirmé. Ces révélations me mettent encore aujourd'hui très mal à l'aise. Un sentiment de honte me suit.

Ce racisme intrafamilial était certes violent pour l'enfant que je fus, mais j'ai le sentiment d'avoir été toujours plus fort que ces remarques odieuses. Une manière pour moi peut-être de refuser la victimisation – cette solution mâchée, simpliste. Elle ne produit rien de constructif et peut même enfermer. Je sais que le racisme existe, mais il coule sur moi comme de l'eau. Cela ne m'a jamais arrêté.

Génération « black, blanc, beur »

Je fais partie de cette génération qui a grandi avec l'utopie « France 98 ». Cette équipe de France de football gagnant la coupe a fait beaucoup de bien. Les origines ethniques plurielles des joueurs étaient rassemblées sous les mêmes couleurs. Ce mythe raconte la puissance de la joie collective, la fierté de notre nation, l'unité. Le drapeau de la France n'était plus réservé à l'extrême droite. On pensait alors la question de l'identité nationale et de l'intégration réglée. C'était une erreur ! D'abord car les racismes existent et continuent de se déployer en France. Ensuite car la question raciale a été réveillée par une partie de la gauche à travers des militants qui se nourrissent des fractures. Pour cela, ils utilisent l'assignation identitaire et cherchent à déplacer les problèmes du modèle américain en France…

Il ne fait aucun doute qu'être noir de peau aux États-Unis peut se révéler compliqué, voire dangereux. Mais ce pays n'a pas la même histoire que le nôtre, n'en déplaise à ceux qui veulent importer ces tensions chez nous. Je ne me résous pas à l'idée que des militants aggravent la fracture sociale en confortant certaines minorités dans une position d'éternelles victimes. On alimente un feu permettant de réchauffer certains universitaires ou politiques, certaines associations. Des gens qui vivent grâce au racisme, grâce à la victimisation. Qu'elle est loin, la photo de l'équipe de France 98 !

Tenter de justifier son échec personnel – qu'il soit professionnel, social, etc. – en accusant la société française de racisme est trop facile. Et il est bien plus difficile de se relever et de se conformer à ce qu'on attend de nous. Évidemment, les patrons qui discriminent des employés ou futurs employés en fonction des origines ethniques ou de la religion, par exemple, existent et ils doivent être sanctionnés dès que cela est possible. Néanmoins, pour ne pas inspirer le rejet, il s'agit souvent de se montrer respectueux de l'entreprise qui nous accueille et de la fonction que l'on vise, de rassurer l'interlocuteur qui ne nous connaît pas encore. Se vêtir correctement, se présenter comme il se doit... cela relève du bon sens.

Être arabe en France

En tant qu'arabe, il m'a fallu parfois travailler davantage pour vivre mes rêves, c'est un fait incontestable. Mais je me pose aujourd'hui la question suivante : est-ce dû à mes origines ethniques ou plutôt à mes origines sociales, modestes ? La tendance est à mélanger les deux et à estimer que les différences ethniques et religieuses sont plus fortes que les écarts sociaux. Pour ma part, je pense qu'un millionnaire noir de peau sera plus proche d'un autre millionnaire blanc de peau que d'un ouvrier noir. On s'identifie plus facilement à un individu qui appartient à notre classe sociale, qui partage le même environnement, qu'à une personne n'ayant en commun avec nous que la couleur de peau ou la religion.

On attribue à Pierre Desproges le mot suivant : « J'adhérerai à SOS Racisme quand ils mettront un *s* à "racisme". » Cette citation de l'humoriste me parle. Il faut encore et toujours rappeler que le racisme existe partout et concerne tout le monde. Le racisme peut toucher les Noirs, les Blancs, les Arabes, les Asiatiques... Pourtant, ce discours est souvent jugé inacceptable. Le racisme ne s'accorderait qu'au singulier. C'est un raisonnement à la fois stupide et dangereux.

À l'ère des réseaux sociaux, les accusations de racisme se multiplient. Ainsi, parler d'immigration contrôlée est perçu par beaucoup comme un discours raciste. Les mots n'ont plus de sens. Pour ma part, je n'ai pas peur de soulever le drapeau français et me dire patriote, tout en étant issu de l'immigration. En quoi affirmer son attachement aux valeurs de la France, à ses symboles, serait honteux, voire fasciste ? À l'occasion d'attentats par exemple, bon nombre de Français réinvestissent le bleu, blanc, rouge. Dommage que cela ne se généralise que lorsque surviennent des drames nationaux... Je plaide pour un patriotisme du quotidien ne rimant pas avec extrême droite, n'en déplaise aux militants de mauvaise foi qui trouvent plus de satisfaction à haïr qu'à aimer notre pays.

Tous sous le même drapeau

La différence avec le modèle états-unien m'interpelle toujours. Mes amis vivant outre-Atlantique se disent américains sans aucune forme de complexe. Ils accrochent le drapeau des États-Unis à leur fenêtre, sont fiers de chanter leur hymne national... Ce puissant mouvement patriotique qui existe là-bas me frappe et, selon moi, manque à la France.

Lever le drapeau français en l'absence de compétition sportive ou d'hommage national ne devrait pas passer pour un acte supposé raciste. Cette suspicion permanente est injuste.

Et lorsqu'une personne issue de l'immigration s'empare de ces symboles, la réaction peut devenir bien plus violente. J'en sais quelque chose ! Face aux insultes, très souvent, je prends le temps d'engager la discussion avec mes détracteurs. On échange, j'essaie d'expliquer pourquoi je suis content d'être né sous le drapeau tricolore, j'explique que la France offre un confort appréciable, en matière de santé ou d'éducation. Quand je demande pourquoi ces personnes visiblement dérangées par la France ne la quittent pour leur pays d'origine, ou même, pour l'Angleterre, la Suisse ou les États-Unis, leur réponse est généralement la même : « Ici, c'est chez moi. » Ce à quoi je réponds, en forme de conclusion : « C'est chez moi aussi. On est tous sous le même drapeau. »

« France »

[Couplet]

M'envoyez pas de messages
Si je n'vous réponds pas
C'est que je veux rester chez moi dans mon monde
J'ne veux pas de télé
J'ne veux pas de médias
Tout seul avec mes mômes
Je vois le monde devenir fou
J'essaie de garder l'espoir
Du sang sur mes genoux
Je vois le monde devenir fou
Je vois le monde pleurer
Des larmes sur ses joues
Caché derrière mon masque je souris à la vie tout en gardant l'espoir
M'as-tu croisé dans le noir ?
J'connais la fin de l'histoire
Caché derrière mon masque
Je souris à la vie
Je refais le monde la nuit
M'éloignant des cauchemars

[Refrain]

Non j'veux pas te voir pleurer
Nous resterons soudés
J'veux pas t'voir pleurer
Tu regardes le monde le visage apeuré
Nous resterons soudés, j'veux pas t'voir pleurer
Peu importe qui tu es, d'où tu viens
Nous serons soudés
Unis pour la paix

Pour le bien nous serons soudés
Peu importe qui tu es, d'où tu viens
Nous serons soudés
Nous ne baisserons pas la voix
Ni les bras
Ni ni ni ni ni les bras

[Couplet]

J'ai vu c'virus anéantir nos rêves les plus profonds
J'ai vu ces enfants partir à l'école avec un masque
J'ai vu le sang des innocents endeuiller la nation
La liberté agressée à coups d'couteau dans le thorax
J'me demande quel monde nous allons laisser à nos enfants
J'me réfugie dans ces histoires et dans ces poésies
Il y a des moments où j'aimerais redevenir enfant
Pour retrouver la magie et les rêves de mes nuits

[Refrain]

Non j'veux pas te voir pleurer
Nous resterons soudés
J'veux pas t'voir pleurer
Tu regardes le monde le visage apeuré
Nous resterons soudés j'veux pas t'voir pleurer
Peu importe qui tu es, d'où tu viens
Nous serons soudés
Unis pour la paix
Pour le bien, nous serons soudés
Peu importe qui tu es, d'où tu viens
Nous serons soudés
Nous ne baisserons pas la voix
Ni les bras
Ni ni ni ni ni les bras

Chapitre 4

« Tu t'appelles Karim et tu manges du porc ? »

Lorsqu'on a grandi à la Ddass, on se cherche longtemps. La construction de son identité ne va pas de soi – j'en sais quelque chose. Si à l'école primaire les élèves étaient issus de milieux différents, au collège, il y avait peu de mixité sociale, ethnique et culturelle. Lorsqu'on me voyait consommer du porc à la cantine, par exemple, des copains se moquaient de moi. Ils m'interrogeaient : « Tu t'appelles Karim, tu es d'origine algérienne et tu manges du porc ? » Incompréhensible selon eux. Pourquoi le cacher : je kiffais mon petit jambon !

Contre l'assignation à résidence

Bien qu'algérienne, ma génitrice était catholique et s'appelait Zora. Quant à mon père, mon géniteur, il se nomme Boubekeur et vit à Constantine, en Algérie. Comme beaucoup de jeunes, à l'adolescence, j'ai cherché des repères, je voulais me rencontrer, déterminer qui j'étais. Appartenir à un groupe peut rassurer. Et l'islam s'est présenté comme un clan auquel je pouvais appartenir facilement. J'ai donc commencé à arrêter de manger du porc... Ma grand-mère adoptive ne comprenait pas pourquoi.

Quelques années plus tard, en quittant le foyer, je me suis retrouvé sans domicile fixe. Le studio associatif où j'avais mes habitudes était devenu à la fois un endroit où rapper et aussi, un lieu me permettant d'être au chaud.

Sur place, un certain Julien, alias Rot-k747, avait compris ma situation. Il m'a alors proposé de venir chez lui. J'ai atterri quartier de Saint-Roch, à Nice, dans une famille sicilienne qui prit soin de moi. À mon arrivée, les parents m'ont dit : « On ne sait pas qui tu es, d'où tu viens, mais si notre fils t'a amené ici, c'est que tu es quelqu'un de bien. » Ils m'ont sorti de la rue. « Tu partiras d'ici lorsque tu auras un logement et un emploi », me disait la mère. À ce moment-là, j'ai compris que malgré mon passé quelque peu compliqué, j'étais né sous une bonne étoile – la chance me souriait. Quand le reste de la famille est venu de Sicile pour passer Noël à Nice, ils m'ont apporté des cadeaux. L'intégration était parfaite. Pendant neuf mois, je suis resté dans ce cocon. Je me souviens de Julien me faisant écouter l'album *Si c'était à refaire* de Kery James, rappeur converti à l'islam. Mon ami m'expliquait que cet album était respectueux de la religion musulmane car certains instruments y étaient bannis – flûte, piano, instruments à cordes... – comme l'exigent certains courants du sunnisme – un album halal donc. J'ai compris ce jour-là que Julien avait embrassé l'islam bien qu'évoluant dans une famille italienne de tradition catholique. Il m'a proposé par la suite de l'accompagner à la mosquée. Mes premiers pas dans cet univers ne se sont pas très bien passés. Quand on s'appelle Karim, on est forcément musulman... L'imam m'a fait répéter des phrases en arabe. À la fin de la récitation, je lui ai précisé que je n'en saisissais pas le sens. Il m'a dit : « Allez plus que deux phrases et tu es musulman ! » Outré, je me suis relevé, j'ai rétorqué que je voulais savoir ce qu'était l'islam, pas devenir musulman. La conversion dissimulée, très peu pour moi ! Cet épisode m'a tellement refroidi que je n'ai jamais remis les pieds dans une mosquée. J'ai grandi avec une puissante envie de liberté sur tous les plans – orientation sexuelle et religieuse, liberté d'expression... – dont chacun doit pouvoir bénéficier. Il arrive que mon fils rentre de l'école en m'expliquant qu'il ne veut plus manger de porc. Pourtant, à la maison, je ne suis aucun précepte de l'islam. Comme ce fut autrefois mon cas, il se cherche, imite certains camarades à l'école élémentaire. Je lui explique alors qu'il est trop jeune et que je le guiderai plus tard, sans aucune forme d'obligation.

L'islam radical en France

L'islam radical existe en France, le nier me paraît stupide. Ce sont des réseaux qui se font souvent discrets. Je ne reçois jamais de remarque : les musulmans salafistes connaissent mes positions et ne m'approchent pas. Aujourd'hui, j'ai foi en l'humain plus qu'en une Église. Mon entourage est composé en majorité de musulmans ayant un grand respect des autres, qui gardent la religion dans la sphère privée. Aucune revendication d'ordre politique ne vient fragiliser les relations entre nous. Le paradoxe des personnes croyantes m'a toujours frappé.

Mon père, mon géniteur, a fait pendant des années des allers-retours entre Alger et Nice, officiellement pour me voir, officieusement pour s'adonner à des trafics qui lui vaudront une interdiction de pénétrer sur le territoire français. Lui qui s'affichait comme un musulman dévot a très tôt préféré l'argent et les combines plutôt que de s'occuper de son fils, de lui ouvrir les bras. De même, il n'est pas exceptionnel de voir des individus se revendiquant musulmans, par exemple faire le ramadan et fumer le soir des joints tout en buvant des Jack Daniel's. Ils n'agissent pas tant au nom de la foi que par convention sociale. Là est le moteur de leurs actions : les apparences. Ces contradictions ne sont pas propres à l'islam, elles existent dans toutes les chapelles.

De manière générale, je n'ai rien contre la religion à partir du moment où elle rend l'homme meilleur, respectable. D'autres ont fait le choix de se servir de Dieu afin de commettre des actes abominables, transformer l'amour et la paix en arme… À Nice, nous avons été touchés de plein fouet par le terrorisme islamiste. Ainsi, le 29 octobre 2020, trois personnes perdaient la vie, tuées par un islamiste à la basilique Notre-Dame de l'Assomption de Nice. L'attentat du 14 juillet 2016 hante depuis près de six ans l'esprit des Niçois. Il est inscrit dans l'histoire de la ville ; 86 morts et 458 blessés. La première victime du terroriste du 14 Juillet – qui s'est servi d'un camion pour assassiner les badauds – était la maman de mon ami Ali, également présent ce soir-là. Elle s'appelait Fatima et était musulmane pratiquante. Cette Niçoise, mère de sept enfants, première victime du chauffeur du camion-bélier, ne doit en rien être confondue avec l'auteur des faits. C'est l'un des défis qui s'imposent à notre époque : saisir les nuances, refuser de répondre à un extrême par un autre, résister aux excès.

C'est en ayant à l'esprit cette terrible date du 14 juillet 2016 que j'ai sorti, cinq ans plus tard, jour pour jour, le clip de la chanson « Allons enfants de la Patrie ». Financé par les internautes et trois grosses entreprises niçoises, ce clip a été tourné à Nice, Saint-André-de-la-Roche, Levens et Paris. Une centaine de figurants a participé au tournage. J'ai eu la chance de pouvoir présenter cette chanson en avant-première à plusieurs personnalités, dont le préfet des Alpes-Maritimes, Bernard Gonzalez – un honneur pour le rappeur que je suis. « Allons enfants de la Patrie » a été créé comme un hymne à l'amour, à la vie et à la France.

« Allons enfants de la Patrie »

[Couplet]

J'ai juste envie de rester moi-même
Tu m'as vu grandir sur tous mes poèmes
Seul l'amour sera notre emblème
Fuis tes problèmes c'est moi qui t'emmène
Ne me parle pas de ce qui marche car je me fous d'leurs codes
J'me fous d'leurs pubs et je me fous d'leurs modes
Si vous me voulez, vous me prenez avec mon décor
Moi de mon côté je vais taffer et faire des efforts
Doigt d'honneur à la gloire
Tout ce qui brille ne m'intéresse pas
J'arrive tout droit de la France du bas
La tête sous l'eau, on vit sans tuba
Nous cultivons l'espoir et le vivre-ensemble
Les problèmes on y fait face de janvier à décembre
Pas d'religion, pas de couleur
Ni différence c'est ma France !

[Refrain]

Allons enfants de la Patrie
Le jour de gloire est arrivé
Allons enfants de la Patrie
On y est, on y est, on y est !

[Couplet]

Noirs, Blancs, Jaunes et gris dans ma team
On connaît le prix du pain, la galère face aux factures
On partage nos joies et nos blessures
La peine était la même après les attentats

Nous avons su rester soudés, il n'y avait que toi et moi
Pas de religion ou de couleur de peau
Nous avons su rester ensemble il n'y avait que toi et moi
Nous marchons dans la rue avec nos drapeaux sur les épaules
Fiers d'être français comme ayant gagné la coupe de monde
Main dans la main, les destins liés
Des larmes dans les yeux et l'envie d'rester soudés
Je suis le fils de Balavoine, Coluche ou l'abbé Pierre
Je viens graver l'histoire avec un rap humanitaire
Sortez vos drapeaux
Bleu, blanc, rouge, on y est !

[Refrain]

Allons enfants de la Patrie
Le jour de gloire est arrivé
Allons enfants de la Patrie
On y est, on y est, on y est !

Allons enfants de la Patrie
Le jour de gloire est arrivé
Allons enfants de la Patrie
On y est, on y est, on y est !

Chapitre 5

La triste vie des enfants placés

Dès l'âge de neuf mois, en 1983, j'ai été placé en famille d'accueil, là où j'ai pu trouver un semblant de vie « normale ». Il s'agissait donc d'un placement et non d'une adoption plénière. En effet, ma mère biologique n'était pas en mesure de m'élever correctement, et mon père biologique était absent.

Dans cette famille d'accueil, il y avait déjà cinq enfants, tous plus âgés que moi – je les appelais « tonton » ou « tata ». Ils étaient tous les enfants biologiques de ce couple. Comme je l'ai déjà expliqué, j'ai très vite considéré la maîtresse des lieux comme ma grand-mère adoptive, et son mari est donc tout logiquement devenu mon grand-père adoptif.

Ma grand-mère adoptive a tissé des liens forts avec ma mère biologique, qui a eu un autre enfant après moi. En effet, quatre ans après ma naissance, ma génitrice accouchait de mon demi-frère, Sébastien. Elle a rapidement été dépassée et a appelé ma famille adoptive à l'aide. Sébastien semblait être maltraité par l'entourage de ma mère, peut-être même par son compagnon de l'époque… Nous n'avons jamais eu le fin mot. Mon petit frère a alors été placé dans la même famille que moi.

Nous étions insérés dans ce foyer, nous recevions des cadeaux à Noël et à nos anniversaires... Néanmoins, il n'y avait pas de mot d'affection ou de geste de tendresse, encore moins de « je t'aime ». Ma famille adoptive a participé à mon éducation, m'a appris à suivre les règles, à admettre l'autorité, et je lui en suis reconnaissant. Si elle n'était pas parfaite, elle veillait à la transmission de certaines valeurs éducatives fondamentales : la solidarité, la générosité, le respect... Mais une carence affective a persisté – j'en ai souffert. Comme beaucoup d'enfants placés, j'ai connu un déficit d'amour. Or l'amour sert au développement de l'enfant. J'ai réellement découvert l'amour familial quand je suis devenu père d'abord de Kylian, puis de Lana. Il faut dire que l'Aide sociale à l'enfance – ASE, anciennement Ddass – demande expressément aux familles d'accueil de ne pas trop investir la relation humaine car, à tout moment, les parents biologiques peuvent récupérer la garde de leur progéniture. Est-ce pour cela que ma grand-mère et mon grand-père adoptifs se sont montrés particulièrement pudiques avec moi en matière de tendresse ? Cela a peut-être joué, mais ils n'ont jamais été très expansifs quand il s'agissait de sentiments – une question de personnalité sûrement. Quoi qu'il en soit, les institutions de protection de l'enfance n'ont pas compris le risque que comportaient de telles consignes. En effet, l'affection des parents joue un rôle essentiel dans le bon développement des enfants. Après une séparation avec ses parents biologiques, le jeune placé va chercher une figure maternelle sécurisante pour établir un nouveau lien. Gamins de la Ddass, nous portons en nous la blessure de l'abandon. De cela peuvent découler des états dépressifs, des troubles alimentaires, de profondes angoisses... La chaleur d'un foyer permet à l'enfant d'être rassuré et de commencer à tisser des liens en toute confiance sans que plane au-dessus de lui l'ombre de la séparation.

Si je regarde en arrière

Invité au palais du Luxembourg en juillet 2021, j'ai été interrogé par les sénateurs sur mon expérience en tant qu'ancien enfant placé, dans le cadre de l'examen du projet de loi relatif à la protection des enfants. L'objet de l'entretien faisait écho à mon passé : comment agir pour faire évoluer la prise en charge de ces enfants ? À l'invitation du sénateur Bernard Bonne, en commission devant les parlementaires, j'ai pu m'exprimer pendant près d'une heure. J'ai confié la honte que l'on a à l'école quand on est issu de la Ddass. Les jeunes placés peinent souvent à faire confiance, à établir des rapports sains avec les autres. Au Sénat, j'ai proposé qu'une personnalité issue du monde du sport ou de la culture par exemple puisse parrainer un foyer. Ce parrain ou cette marraine se rendrait régulièrement à la rencontre de ces enfants pour discuter avec eux. Nul doute que les gamins se sentiraient valorisés de recevoir une personnalité qui apparaîtrait comme un modèle de réussite, accessible. Je ne sais que trop bien à quel point un jeune en foyer a besoin de se sentir aimé et tiré vers le haut. Lors de cette audition, j'ai également fait part de mes critiques quant au discours tenu aux familles d'accueil au moment du placement des enfants : je comprends ce qui pousse l'ASE à conseiller aux familles de ne pas créer une relation profonde avec l'enfant placé, mais je ne l'accepte pas pour autant. Selon moi, cette vision des rapports humains est avant tout contre-productive pour l'enfant. Ce jour-là, j'ai discuté avec des gens que rien ne me destinait à rencontrer, comme le sénateur Roger Karoutchi, avec lequel j'ai parlé de politique. Avant que je ne reçoive cette invitation, l'idée de me retrouver au Sénat était impensable.

Il n'y a pas d'accompagnement des jeunes adultes de la part des services d'aide sociale à l'enfance. J'ai ainsi connu ce qu'on appelle une « sortie sèche ». Ma vie familiale s'est arrêtée net. Est-ce que le jeune a un emploi, un logement, une stabilité... ? Ces questions dérangent, on évite de se les poser et on lâche le gamin dans le grand bain. Le couperet tombe, l'accompagnement manque. Les livres et les documentaires traitant du sujet sont nombreux. Personne ne peut se dire surpris lorsque les études publiées constatent une surreprésentation dans la rue de personnes passées par l'aide sociale à l'enfance (ASE) : 40 % des SDF nés en France et âgés de moins de vingt-cinq ans sont d'anciens jeunes placés. Il faut dire que la sortie n'est pas anticipée par l'ASE. Et les jeunes vivent alors un deuxième abandon. Comme bien des secteurs publics, l'ASE aurait davantage besoin de moyens financiers et de personnel pour pouvoir mener à bien sa mission. Se résigner à fabriquer de la précarité et de l'exclusion n'est pas pensable. Selon les départements, l'accompagnement des 18-21 ans varie. Certains jeunes se voient proposer hébergement et formation quand d'autres sont livrés à eux-mêmes. Autrement dit, il faut avoir la chance de vivre dans un « bon » département, ou alors croiser les doigts pour faire les meilleures rencontres possible une fois dehors… Quand on compare la situation avec des jeunes du même âge ayant grandi dans leur famille, on observe que la plupart de ces majeurs bénéficieront du foyer familial plusieurs années après leurs dix-huit ans afin de suivre sereinement leurs études et trouver un logement. Cela ne devrait pas être une chance, mais un droit pour tous, même ceux qui estiment avoir perdu à la « loterie familiale ».

Malgré le passage de la majorité de vingt et un ans à dix-huit ans en 1974, les jeunes relevant des services de l'ASE peuvent, à leur majorité, demander un allongement de leur prise en charge jusqu'à l'âge de vingt et un ans. Cette extension prend la forme d'un contrat d'accueil provisoire appelé « contrat jeune majeur ». Les sortants bénéficient alors d'un accompagnement permettant d'accéder à l'indépendance grâce à un soutien administratif, financier, et un accompagnement dans la recherche d'un logement, d'une formation… Les conseils départementaux n'utilisent pas toujours ce dispositif jugé trop coûteux. En 2016, en France, seul un tiers des jeunes sortant de l'ASE à dix-huit ans bénéficiaient d'un tel contrat jeune majeur, selon le Conseil économique, social et environnemental. Et dans les faits, ce dispositif peut durer quelques mois, voire un an, mais rarement trois. Dans une tribune publiée par le journal *La Croix*, le sociologue Philippe Gestin a dressé le constat des difficultés que rencontrent les jeunes majeurs de l'ASE. Il insiste sur la solidarité nationale qui doit être le moteur des actions de nos institutions pour accompagner ces jeunes dès dix-huit ans. Ses propositions sont concrètes. Selon lui, le gouvernement « doit proposer une aide entre dix-huit et vingt-cinq ans, celle-ci s'appuyant non plus sur un âge couperet, mais sur un seuil de passage à l'âge adulte ». Celui qui a publié un ouvrage intitulé *18 ans et bientôt à la rue ! Plaidoyer pour les jeunes de l'ASE* (Érès, 2022) appelle l'État à « promouvoir des projets d'accompagnement co-construits avec eux avec des droits et des devoirs, la possibilité pour eux de réaliser leur projet avec un soutien éducatif et psychologique, et ce sur l'ensemble du territoire ». Une réponse à ce qu'il estime être un « délaissement institutionnel » de la part des « départements, sans que l'État puisse les en empêcher au nom de l'autonomie des collectivités ». Depuis le premier confinement de mars 2020, du fait de la crise sanitaire et des difficultés pour décrocher un stage ou un emploi, les conseils départementaux ont reçu pour consigne de ne pas sortir du système les jeunes de l'ASE ayant atteint la majorité.

Enfin, un projet de loi

Récemment, le Parlement a adopté le projet de loi pour lequel j'avais été entendu en juillet 2021. Le 25 janvier 2022, par 109 voix pour, 2 contre et 6 abstentions, l'Assemblée nationale a donné son feu vert. Quelques jours auparavant, le Sénat s'était prononcé en faveur du texte. Celui-ci vise à mettre fin à ces sorties sèches de l'ASE à dix-huit ans à arrêter l'hébergement des mineurs protégés à l'hôtel – majoritairement des mineurs isolés étrangers. Une meilleure rémunération des familles d'accueil est également prévue dans la loi. Pour pallier certaines défaillances de l'ASE, un accompagnement sera proposé aux 18-21 ans sortant du système : la garantie jeunes leur sera « systématiquement proposée », et ensuite le contrat d'engagement jeune, pour une insertion de ceux qui se retrouvent sans emploi ni formation, et ce, quel que soit le département dans lequel ils résident. À ce jour, 70 % des enfants de l'ASE qui sortent du système sont sans aucun diplôme. Ces majeurs bénéficieront même d'un « droit au retour » à l'ASE en cas de besoin. L'hébergement est déterminant pour éviter la précarité. C'est pourquoi les jeunes seront prioritaires pour bénéficier d'un logement social. Adrien Taquet, secrétaire d'État à l'Enfance et aux Familles, a déclaré être « convaincu » que la loi « permettra aux enfants protégés par l'ASE de préparer leur avenir, d'envisager plus sereinement leur autonomie et de lutter contre ces inégalités de destin ». Certaines bonnes pratiques seront généralisées à l'ensemble du territoire. Des fratries pouvaient être séparées, les frères et sœurs se retrouvant alors dans des familles différentes, parfois séparés de plusieurs centaines de kilomètres. Or, un frère, une sœur, peut être le seul et dernier repère des enfants placés. J'ai conscience de la chance que j'ai eue lorsque mon frère Sébastien a été placé dans la même famille d'accueil que moi, ce n'était pas le cas pour tous les jeunes à l'ASE. Dorénavant, les services devront tenter à chaque fois de confier, si cela est possible, l'enfant à un membre de sa famille ou alors à un tiers de confiance. Jusqu'alors rémunérés en dessous du Smic pour un enfant placé, les assistants familiaux accueillant chez eux des enfants percevront le Smic ou plus selon le nombre de jeunes de l'ASE sous leur toit. Si le juge le souhaite, l'enfant sera assisté par un avocat dans le cas où « son intérêt l'exige ». L'idée d'un parrainage a été gardée : l'enfant accueilli par l'ASE pourra être accompagné par une marraine ou un parrain et un mentor au moment de l'entrée en classe de sixième, au collège. Enfin, le texte prévoit des « contrôles stricts » des antécédents judiciaires des adultes travaillant auprès des enfants, avec une attention particulière portée aux éventuelles infractions sexuelles. Les établissements sont tenus d'avoir une politique de prévention et de lutte contre la maltraitance. La question du financement – qui, par le passé, a déjà constitué un obstacle aux réformes dans le domaine – a été abordée : le secrétaire d'État à l'Enfance et aux Familles a annoncé, pour commencer, un accompagnement

« à hauteur de 50 millions d'euros » des départements par l'État – départements qui ont compétence sur la protection de l'enfance. Trois cent mille mineurs sont désormais concernés par ce texte. Adrien Taquet a souhaité que ces mesures « entrent en vigueur le plus rapidement possible ». Il l'assure, « c'est la fin d'une époque faite d'incertitudes et d'insécurités pour ces enfants et pour les adultes qu'ils deviennent ». Quant au rapporteur du texte au Sénat, Bernard Bonne, il s'est félicité de cette « avancée importante ».

Si ce projet de loi, salutaire, constitue un pas important pour l'ASE, le sujet n'a pas été abordé de manière complète. En effet, le personnel de cette institution a été oublié. Or, les travailleurs sociaux méritent une considération plus importante que celle dont on leur témoigne aujourd'hui. La revalorisation des salaires s'impose. Il s'agit de les rémunérer à hauteur de leur engagement. Ces éducateurs spécialisés, assistantes sociales, sont 100 000 en France à vivre des situations difficiles. Parmi les jeunes placés à l'ASE, 25 à 30 % d'entre eux connaîtraient une situation de handicap, principalement psychique. Ces travailleurs sont confrontés à tous les maux de la société et s'occupent parfois de ceux que l'on a tendance à oublier. Augmenter leur rémunération est aussi une façon de ne pas perdre les bons éléments qui préfèrent quitter la profession par fatigue, lassitude, manque de reconnaissance. Je fais partie de ces anciens jeunes placés qui ont été marqués par des éducateurs en foyer particulièrement dévoués aux autres, à l'écoute.

Entre un foyer sans mère et une mère sans foyer

J'étais encore mineur quand s'est posée la question du foyer. Alors adolescent, ma famille adoptive a acheté une maison non loin de Toulouse. À l'âge de treize ou quatorze ans, j'ai donc dû suivre le mouvement et ai laissé derrière moi tous mes amis à Nice. La maison se trouvait dans le Tarn-et-Garonne, à Carmaux. C'était un autre monde, loin de la cité, de la mer et du doux soleil niçois. L'adaptation fut compliquée mais, petit à petit, je m'y suis fait. Mais un jour, tout a basculé avec un coup de téléphone. Je rentrais à la maison après le collège, j'étais seul et ai vu un message sur le répondeur. Il m'était interdit d'écouter les messages, mais j'ai tout de même appuyé sur le bouton. J'ai alors entendu ma mère : elle pleurait en expliquant qu'elle venait de se faire violer dans la rue. J'ai effacé le message et n'ai rien dit. À l'époque, j'avais des liens avec elle. Elle avait des droits de visite, il lui arrivait de venir me voir, surtout lorsque j'habitais la cité à Saint-André-de-la-Roche. Je me souviens du sentiment de honte qui était le mien ; on voyait qu'elle était droguée, abîmée par l'alcool. Elle m'emmenait dans un bar, Le Perroquet, où j'essayais de jouer au baby-foot. Pendant ce temps, elle buvait au comptoir et parlait à des hommes qu'elle me faisait appeler « tonton ».

Cet épisode du message vocal laissé sur le répondeur a eu des conséquences. Cela m'a secoué et les répercussions ont été visibles sur le plan scolaire notamment. Il y a eu un avant et un après. Le rap prenait de plus en plus de place dans ma vie, j'écoutais IAM, Eminem et du hip-hop américain comme Fugees. Vers quinze ou seize ans, je vais voir ma grand-mère adoptive avec une idée précise en tête : retourner à Nice, prendre soin de ma génitrice et régler mes comptes en retrouvant l'homme qui l'a violée. Pour parvenir à mes fins, je mens sur mes motivations en expliquant que je souhaite me lancer dans le rap et que des opportunités existent à Nice – des studios d'enregistrement s'y trouvent. La musique est un alibi. Ma grand-mère adoptive me le déconseille et me propose à la place de me payer des allers-retours pour Toulouse afin de profiter des studios d'enregistrement de la Ville rose. Elle m'explique ce qui m'attend : en quittant sa maison, je prends le risque de me retrouver en foyer puisqu'on ne place pas un adolescent qui a décidé de quitter sa famille d'accueil. Mais je n'en démords pas. Je réitère ma demande auprès de l'assistante sociale. Elle me propose de passer une semaine en foyer à Nice. Elle est persuadée que cette expérience va me faire peur et que je vais très vite demander à rentrer à Carmaux, dans ma famille d'accueil. Revenir à Nice est sans doute le premier objectif que je me sois fixé dans la vie. Sur le chemin, mon grand-père adoptif me demande si je suis certain de mon choix. Je le lui confirme. Devant le foyer, il m'offre une cigarette. Il a fallu tout cela pour qu'il laisse entrevoir un semblant d'émotion.

On m'installe dans une chambre, dans la zone des nouveaux arrivants, devant un parking. Je suis à la fois déterminé et perdu. Pendant plusieurs jours, je pleure dans cette chambre. Un jour, alors que la fenêtre est ouverte, un grand qui m'a aperçu en larmes me demande : « Eh, pourquoi tu pleures ? » Me confier n'est alors pas une option ; je vois le foyer comme la prison, autrement dit : interdiction de montrer ses faiblesses. Le grand me demande si j'aime le rap, avant de me prêter tous ses albums. Lui et sa famille ont dû faire face à des problèmes bien plus compliqués et bien plus durs que les miens. Il est un peu fou aussi... Il devient rapidement un ami.

Après la semaine d'essai au foyer, je suis retourné chez mes grands-parents adoptifs pour faire le point avec l'assistante sociale. On m'a demandé si je souhaitais retourner à Nice. Réponse limpide de ma part : « Oui. » Ma vie a alors pris un autre tournant. J'ai découvert les heures fixes pour manger, les temps libres, et puis les différentes fêtes que je passais non plus en famille mais dorénavant au foyer. Je me suis aussi rendu compte que les histoires de vie des jeunes placés ici étaient très lourdes, sans commune mesure avec mon parcours. Avoir grandi en famille d'accueil dès l'âge de neuf mois m'avait certainement épargné quelques traumatismes. Le premier Noël au foyer m'a marqué. Parmi les éducateurs, il y avait Grégory, très présent et attentionné. Ils avaient peut-être une famille, des enfants, et pourtant, ils passaient Noël avec nous. L'amour qu'ils avaient pour nous m'a ému.

Désormais à Nice, j'essaie donc de retrouver ma mère, qui a été placée sous tutelle. Une association l'aide et la soutient. C'est par ce biais que je réussis à reprendre contact avec elle. Petit à petit, j'investis réellement le rap. Pour améliorer mes textes, j'essaie d'enrichir mon vocabulaire en regardant des documentaires sur l'histoire, la géographie ou la politique.

Après un an environ dans la chambre du foyer, les éducateurs me proposent de passer en appartement, toujours avec une prise en charge. Les appartements sont confiés aux jeunes que l'on juge responsables. J'ai dix-huit ans quand un éducateur vient frapper à ma porte. Il m'annonce qu'il me faut quitter les lieux. Des cas plus graves attendent, ils ont besoin de l'appartement. J'encaisse la nouvelle, je lui demande de combien de temps je dispose pour m'en aller. Le couperet tombe : « Il faut partir maintenant. » C'est sec, brutal. Je n'ai même pas les valises nécessaires au déménagement. J'achète donc des sacs-poubelle, les plus grands possible, pour y mettre toutes mes affaires. Par instinct je me rends chez ma mère, lui demandant de m'héberger pour quelques jours. Le contexte est tendu, l'ambiance compliquée. Je lui demande de ne pas boire d'alcool pendant mon court séjour – je sais jusqu'où l'alcool peut l'amener... Elle refuse. En réaction, je jette toutes les bouteilles par la fenêtre. La scène est très violente. Elle se remet en couple avec son compagnon violent avec lequel j'en étais venu aux mains. Je lui dis alors que je ne la reverrai que le jour de sa mort – elle est malade du sida, ma phrase a donc un certain poids. Suite à cet épisode houleux, c'est la rue qui m'accueille. Je dors dehors quelques jours, jusqu'à l'intervention de Julien, mon ami sicilien. Il m'héberge chez lui avec toute sa famille pendant près de neuf mois, le temps nécessaire pour prendre mon envol.

J'ai donc connu les deux aspects de la protection de l'enfance que sont la famille d'accueil et le foyer avec les éducateurs. En tant qu'enfant placé, on se demande régulièrement : « Pourquoi moi ? », « Pourquoi n'ai-je pas eu des parents intégrés à la sphère sociale, normaux ? »... Ces questions sont classiques et tristes. En grandissant, on peut trouver l'apaisement, accepter cette histoire qui est la nôtre. Certains des enfants que j'ai connus au foyer vivent dans la rue, sont morts ou sont chefs d'entreprise, pères ou mères de famille. Pour ma part, je ne regrette rien. La vie que j'ai eue m'a permis de grandir plus vite que d'autres. Si les situations ne sont pas les mêmes, les réalités différant aussi en fonction des lieux et des individus, la question du suivi et de l'accompagnement de ces jeunes demeure. Des changements positifs devraient voir le jour grâce au travail des parlementaires, mais le dossier est loin d'être clos. Ces jeunes d'aujourd'hui sont les adultes de demain, et trop souvent ils entrent dans la vie active avec des vulnérabilités qui les suivront durant des années. Lorsque la famille est absente, ces enfants doivent pouvoir compter sur le soutien de l'État. La France ne peut les abandonner.

« Sous un ciel étoilé » (*feat.* Priscilla Betti)

[Couplet]

J'prône l'amour
Je l'ai cherché
Seul l'espoir a guidé mon parcours
Tout au fond de la cour
J'étais perché
Je faisais le sourd quand on m'disait : « T'es fou. »
J'croyais seulement en ma bonne étoile
Je voulais réussir pour faire taire ces squales
Donc j'me suis endurci avec un cœur en métal
Oui la dose est létale
Je n'ai pas de médaille
Je n'ai pas d'or
Pas d'argent
Venez dans mon décor
Oui venez simplement
N'attendez pas après, non venez maintenant !
Je conjugue le verbe « aimer » seulement au présent
J'ai peur d'la mort
J'suis comme toi
Je partage l'amour
Mon combat dès le premier contact
C'est la paix que je convoite
Si tu m'as connu en bas
Ces années ne comptent pas

[Refrain]

Ils me montrent du doigt
Suivent mes pas
J'veux m'éloigner
Ils voudraient faire de moi une bête de foire

J'reste moi-même
Plein d'espoir sous un ciel étoilé
Je les laisse parler
Je les laisse juger

[Couplet]

J'entends les gens me dirent : « Bombe le torse.
Lève la tête on te donne la force
Tu n'es pas comme les autres alors bombe ce torse
Montre-leur tes proses arrache-toi, ose
Pense à ta mère, pense à ton passé
Tout ce qui te donne envie de tout casser
Gère ce mal qui te ronge quand la peine t'enlaçait
Chaque jour à toi de te dépasser
Pense pas aux autres reste toi-même
Nous c'est comme ça qu'on t'aime tu l'sais bien
Tu n'as plus de menottes, fais ça bien
Quand tu écris avec le cœur, il fait bouger tes mains
Aucune arme, juste un mic'
Aucune larme, tu accumules les likes
Matte sur les réseaux sociaux, nous on est toujours là
Depuis tes premiers clips nous on est toujours là
On croit en toi et tes délires
On t'voit grandir loin des délits
On t'applaudit sourire aux lèvres
Fiers de faire partie de ton public
T'es unique, nous on t'aime
Si tu paniques nous on t'aide
Mais reste le même, loin du fric
Loin d'leur arène médiatique. »

Ils me montrent du doigt, suivent mes pas, je veux m'éloigner

Ils voudraient faire de moi une bête de foire, je reste moi-même
Plein d'espoir sous un ciel étoilé
Je les laisse parler
Je les laisse juger
Ils me montrent du doigt, suivent mes pas, veulent m'égaler
Ils voudraient faire de moi une bête de foire, je reste moi-même
Plein d'espoir sous un ciel étoilé
Je les laisse parler
Je les laisse juger.

Chapitre 6

Le mot « SDF » ne me fait pas peur

Je l'ai dit, Daniel Balavoine, Coluche et l'abbé Pierre font partie des références avec lesquelles j'ai grandi, des modèles. Le premier a donné amour et espoir, le deuxième a nourri des familles entières, et le troisième a créé Emmaüs. Des personnalités au grand cœur qui représentent les super-héros de notre société moderne. Ces hommes ont consacré leur vie, chacun à leur manière, aux personnes dans le besoin. Les personnes sans domicile fixe doivent être les premières bénéficiaires de cette aide. Quand je vivais en famille d'accueil, on aimait chiner. La famille était modeste, sans être pauvre pour autant. Mais comme beaucoup de foyers français, les fins de mois pouvaient être compliquées. Il fallait faire attention, on comptait. C'est pourquoi on se rendait souvent à Emmaüs pour faire des achats. C'est comme ça que j'ai eu ma première paire de Nike ! Certes, c'était une paire de chaussures de fille qui me compressait les pieds, on se moquait un peu de moi à l'époque, mais cela n'altérait pas ma joie : j'étais fier d'avoir des Nike, comme les autres. Ma grand-mère roulait en Fiat 127. Je garde en mémoire un événement particulièrement marquant, alors que je devais avoir huit ou neuf ans. Nous nous rendons ce jour-là à Emmaüs. Une fois dans la boutique, ma grand-mère me passe un énorme sac et ne me donne qu'une seule consigne : le remplir pour une personne que j'aime beaucoup, sans savoir de qui il s'agit. Je le bourre d'objets en tout genre, de vêtements surtout. On arrive à la caisse, on paie et on repart après avoir chargé le coffre de la petite Fiat. La voiture s'arrête sous un pont et je peine à comprendre ce que l'on fait ici. J'aperçois alors une personne sans abri, sale, visage boursouflé, vêtements usés. Une femme. Pendant que ma grand-mère extrait le sac du coffre, la SDF se dirige vers moi et me dit : « Mon bijou, sors et viens me faire un bisou ! » Je comprends immédiatement que cette personne est ma mère. C'est ma première rencontre avec la rue. Une rencontre forte, intense. Ce souvenir ne me quittera jamais. Nous avons tous des préjugés lorsqu'on pense à la rue. Certains peuvent être vrais, d'autres se révèlent faux lorsqu'on découvre ce monde souvent tragique. Par exemple, on peut penser qu'une personne sans abri n'a pas de quoi manger, qu'elle est forcément maigre. Là, c'est précisément l'inverse : ma mère est gonflée, sûrement à cause de l'alcool. L'image est dure, violente, surtout quand on est un enfant. Heureusement, à cette époque-là, j'étais déjà suivi par un psychologue qui m'a aidé à traverser cet événement, comprendre la situation malgré mon jeune âge.

La question des sans-abri en France est un marronnier, un sujet récurrent sur lequel on s'arrête quelques jours chaque hiver. Pourtant, la situation semble toujours critique, l'amélioration loin d'être notable. En juillet 2017, peu après son arrivée au pouvoir, Emmanuel Macron prononçait un discours à la préfecture du Loiret. L'une de ses phrases a été retenue et a fait le tour des médias : « La première bataille, c'est de loger tout le monde dignement. Je ne veux plus d'ici la fin de l'année avoir des femmes et des hommes dans les rues. Dans les bois ou perdus. C'est une question de dignité, c'est une question d'humanité et d'efficacité là aussi. [...] Je ne veux plus de femmes et d'hommes dans les rues. » Comme la plupart des Français, j'ai pensé que le président de la République parlait des SDF. Erreur, il évoquait ici les demandeurs d'asile, lors d'une cérémonie de naturalisation à Orléans. Du *Monde* à BFM TV, bien des médias se sont faire avoir, tombant dans le piège de l'ambiguïté. Néanmoins, six mois plus tard lors des vœux pour 2018, Emmanuel Macron faisait sien le sujet des sans-abri : « Je veux que nous puissions apporter un toit à toutes celles et ceux qui sont aujourd'hui sans abri. Le gouvernement s'est beaucoup engagé ces derniers mois dans cette direction, a beaucoup amélioré les choses, mais il y a encore des situations qui ne sont pas acceptables. Que je n'accepte pas davantage que vous. Nous continuerons donc l'effort indispensable pour réussir à pleinement respecter l'engagement que j'ai moi-même pris devant vous. Comptez sur ma détermination entière en la matière. »

Il n'est pas le seul à s'être emparé politiquement de cette cause. Les promesses sont nombreuses. Ainsi, en décembre 2006, Nicolas Sarkozy, alors en campagne, s'était engagé à ce que « plus personne » ne soit « obligé de dormir sur le trottoir » d'ici à deux ans s'il devenait locataire de l'Élysée. Alors président de l'UMP, il déclarait lors d'un meeting dans les Ardennes : « Le droit à l'hébergement, c'est une obligation humaine. Si on n'est plus choqué quand quelqu'un n'a plus un toit lorsqu'il fait froid et qu'il est obligé de dormir dehors, c'est tout l'équilibre de la société, où vous voulez que vos enfants vivent en paix, qui s'en trouvera remis en cause. » Nicolas Sarkozy proposait même un droit au logement opposable permettant que « chacun puisse saisir les tribunaux » pour le faire respecter.

Ces déclarations peuvent paraître intéressées ; je les considère pour ma part pleines de bonnes intentions. Mais dans les faits, leur vœu ne peut être exaucé, c'est tout simplement impossible. Le sujet me tient particulièrement à cœur dans la mesure où il résonne avec mon histoire familiale. Cela m'a amené à me rendre dans la rue, au contact de ces personnes peu considérées, à la limite de la survie. Il y a quelques années, j'ai pris une caméra pour faire un petit reportage dans la rue, à la rencontre de ces gens à l'existence cabossée. Les accidents de la vie peuvent concerner tout le monde. Loin de moi l'idée de tenir un discours anxiogène. Je veux simplement rappeler ici que ces gens sont des humains comme les autres, des voisins, des pères, des mères, des amis, des collègues, des frères ou des sœurs. En passant devant eux sans les voir, nous acceptons qu'ils se fondent dans le paysage, entraînant une forme de déshumanisation. En échangeant avec eux dans les rues niçoises, j'ai compris la complexité de ce sujet. Certains sont mariés à la rue : elle est devenue leur vie et ils n'imaginent pas autre chose. D'autres veulent quitter ces trottoirs qui les hantent. Il y avait ce trentenaire avec lequel j'avais discuté, un homme bossant dans le BTP, sans papiers, sans contrat. Il dormait dans une voiture parce que son patron ne lui payait pas toutes ses heures. Il se sentait fantôme de la société. Les adultes regardent ailleurs, seuls les enfants posent les yeux sur ces oubliés sans comprendre pourquoi des gens sont assis par terre. Difficile pour moi de ne pas faire de projection lorsque je vois une femme à la rue ; elle ne peut que faire écho à ma mère qui vécut dans la rue avant de mourir du sida. Près de 40 % des SDF en France seraient des femmes. Celles qui n'ont aucun hébergement représenteraient 5 à 10 % de l'ensemble des sans-abri. La plupart de ces femmes connaissent des violences, elles se cachent souvent pour survivre. Pour rappel, un sans domicile est un individu précaire qui peut arriver à trouver un hébergement, passant parfois d'un lieu à un autre. Par opposition, un sans-abri dort dehors, il n'a pas de toit, reste à l'extérieur la nuit.

L'Insee n'a pas lancé d'étude visant à compter les sans domicile fixe depuis 2012. À l'époque, l'organisme en avait dénombré plus de 140 000, précisant que leur nombre avait progressé de 50 % entre 2001 et 2012. Et cette augmentation n'a pas cessé. La crise économique n'a pas aidé... Ainsi, le chiffre aurait doublé entre 2012 et aujourd'hui. En 2020, la fondation Abbé Pierre estimait à 300 000 le nombre des sans domicile fixe en France. Nous savons que la crise migratoire a fait exploser les compteurs des sans-abri comme des SDF. Parmi ces 300 000 personnes, 101 000 migrants sont accueillis grâce au « dispositif national d'accueil ». S'y ajoutent les 180 000 personnes hébergées dans des structures généralistes. Restent les milliers d'individus dormant sous les ponts, dans leur voiture, les halls d'immeuble ou sur le pavé. Ces personnes particulièrement vulnérables doivent faire face à la violence de la rue et sont tributaires de la météo.

En 2021, le ministère du Logement annonçait que les 43 000 places d'hébergement supplémentaires ouvertes depuis le premier confinement pour les sans-abri seraient maintenues « jusqu'à la fin du mois de mars 2022 ». Et après ? La vie des sans-abri est placée sous le signe de l'incertitude. Politiquement, le sujet ne peut être réglé avec des places d'hébergement. Il ne s'agit que de pansements sur un problème profond à résoudre à la source. La question des sans-abri, des SDF, est celle du manque de logement abordable. Le poids du loyer dans le budget des foyers est considérable, surtout au sein des ménages urbains. Selon l'Insee, le logement constitue le premier poste de dépenses pour les ménages modestes, le quatrième pour les plus aisés. Et lorsqu'on voit le prix du mètre carré pour des loyers dans les grandes villes françaises, on comprend que le logement tend à devenir un luxe... À Paris, ville dirigée par une élue socialiste, les inégalités sociales se creusent, se loger décemment est devenu le parcours du combattant. La question des personnes à la rue est également celle des migrants et de notre incapacité à leur offrir des conditions de vie décentes permettant leur intégration. L'immigration en France apparaît comme un sujet subi depuis de nombreuses années par les gouvernements successifs qui ne contrôlent pas tous les aspects de ce phénomène. Résultat, on accepte sur notre territoire des gens qui connaissent une grande précarité dans un pays qui leur est généralement étranger. Dans les éléments à prendre en considération, il y a aussi les difficultés à trouver un travail, la fin du plein emploi, les effets de la désindustrialisation... Sur tous ces aspects, les politiques manquent d'ambition et ce sont les personnes vulnérables qui paient l'addition.

Plusieurs causes expliquent la perte du logement. Généralement, la situation est due à la dépendance à l'alcool, la séparation conjugale, la perte d'un emploi ou encore un parcours de migration. Chaque année, près de 500 hommes et femmes sans domicile meurent, souvent prématurément. Il s'agit dans 90 % des cas d'hommes et l'âge moyen auquel ils meurent est de quarante-neuf ans, selon les données du collectif Les Morts de la rue. Les tentatives de suicide chez les personnes sans logement sont bien plus importantes que pour le reste de la population. Dans son rapport de 2016, l'association explique que les causes de décès sont connues pour 53,5 % des personnes : « 28 % d'entre elles sont décédées de causes violentes (accidents, agressions, suicides) soit la moitié des causes connues, et 25 % sont décédées de maladie (dont les cancers et maladies cardiovasculaires). »

Si en France la plupart des sans-abri aujourd'hui sont sans papiers, beaucoup de Français à la rue n'ont jamais réussi à se remettre en selle après des accidents de vie. Il peut s'agir de personnes sorties de prison, d'hôpital psychiatrique, d'individus ayant perdu emploi puis logement, de jeunes issus de l'ASE... En effet, selon l'Insee, un quart des sans domicile nés en France ont été placés dans une institution, en foyer ou en famille d'accueil dans leur enfance. Un constat partagé par la fondation Abbé-Pierre : 10 000 personnes sans abri nées en France sont d'anciens enfants placés auprès de l'ASE d'après l'organisation. Je ne connais que trop bien les vulnérabilités qui peuvent être les leurs lorsqu'on a vécu un parcours familial, social chaotique. Et les difficultés lorsqu'on est lâché à notre majorité... Les faiblesses financières, sociales, affectives ne quittent pas ces jeunes au moment du passage à la majorité.

J'ai conscience d'avoir pu échapper à un destin bien plus tragique. La vie m'a offert de belles opportunités, des chances que je me suis empressé de saisir. Mais cette forme de réussite sociale ne suffit pas à m'apaiser. Eu égard à mon histoire, rendre ce que l'on m'a donné est devenu un impératif.

Quand le rap a fonctionné pour moi, je me suis adressé à la mairie de Nice afin de mettre en place un concert caritatif avec d'autres artistes pour les personnes dans le besoin. L'idée était simple : proposer un concert gratuit et, avec l'aide d'une association, disposer des bacs à l'entrée afin de recueillir vêtements et couvertures. Le rap au service du social. Cela a été un véritable succès, les gens ont joué le jeu et se sont montrés très généreux. J'ai donc récidivé. En novembre 2021, pour Les Restos du cœur qui lançaient leur campagne, j'ai de nouveau proposé un concert gratuit avec un appel aux dons. Biscuits, féculents, produits d'hygiène, denrées non périssables en tout genre ont été récoltés ce jour-là. Cette aide est naturelle quand on a eu une histoire telle que la mienne, avec une mère dans le besoin. Je ne fais pas de musique pour le plaisir d'être connu. Mais il m'est possible désormais de mettre à profit ce petit pouvoir qui est le mien, l'audience dont je dispose pour soutenir les plus démunis. J'ai du respect pour les hommes politiques et leurs actions à destination des personnes dans le besoin. Mais ils ne peuvent pas tout. Et les réseaux de solidarité à l'initiative de citoyens lambda doivent perdurer et s'amplifier. Les citoyens engagés, qui se battent à leur niveau, dans la lignée de Coluche, Balavoine et l'abbé Pierre sont nombreux et ne demandent qu'à aider pour peu qu'ils en aient l'occasion.

« SDF »

[Couplet]

Il est là, sur son banc, comptant les automnes
Décomptant les autos sans se soucier du regard froid des autres
Analyse les passants qui passent et repassent, sans cesse, malaise face à la carcasse qu'il est devenu
S'il passe février, ça lui fera dix-neuf ans, certains pensent qu'il en a trente
C'est sûrement le prix à payer quand t'arrives pas à remonter la pente
Alcoolique trop tôt, tente d'échapper à l'étau
Oublié par l'État, étant allaité par la rue, alerté, combien font genre
Combien posent du « gen-ar » dans le creux de la main de ces gens
Moi je fais partie de ces gens qui leur serrent la main sans n'avoir besoin d'une paire de gants

[Refrain]

Ça aurait pu être toi ou moi
Lui ou elle
Différente à chacun, pour certains elle est même cruelle
Elle envahit mes visions, mes rêves, mes cauchemars
Je me vois trop souvent en elle finir clochard
Relate mes souvenirs, mes rires et mes larmes se confondent parmi la mort, ses pleurs et ses charmes
Nombreux à y être, et à y rester
Celle-ci c'est pour ceux qui ont grandi au foyer

[Couplet]

La nuit fut longue et froide sous les ponts de Nice nord
À peine à l'aube la même histoire à l'ombre
Dans la tête trop de chants monotones accompagnent sa nostalgie
Refusant de grandir avec les conseils que les « monos » donnent
Refusant de participer à sa scolarité il rentrait dans le « biz » en rêvant de liasses et en faisant le méchant sans trop de contrariété
Juste pour l'image, aujourd'hui l'image parle d'elle-même, l'ange a perdu ses ailes
Un vieux bonnet en guise d'auréole, un sale drap pour un peu de chaleur, il n'aurait jamais imaginé être là à cette heure
Pourtant lui, si fort et ambitieux
Engrené dans des histoires si sombres qui peuvent te rendre vicieux
Être trop gourmand, dis-moi à qui ça profite ?
À celui qui fait le gâteau ou à celui qui l'ingurgite trop rapidement ?
Vouloir tout trop vite en croyant que tout nous profite sans songer à tous nos mérites !

[Refrain]

Ça aurait pu être toi ou moi
Lui ou elle
Différente à chacun, pour certains elle est même cruelle
Elle envahit mes visions, mes rêves, mes cauchemars
Je me vois trop souvent en elle finir clochard
Relate mes souvenirs, mes rires et mes larmes se confondent parmi la mort, ses pleurs et ses charmes

Nombreux à y être, et à y rester
Celle-ci c'est pour ceux qui ont grandi au foyer

[Couplet]

À celui qui squatte en bas de chez moi
Malgré la faim et le froid qui voit sa fin venir à chaque soir
Le corps couvert de quelques vêtements sur du carton
Le moral affaibli comme ses battements de cœur
La main vers l'horizon, le bras tendu, les regrets trop nombreux et l'impression de ne pas s'être battu
Pousse à la conséquence... Un chiffre accablant de pauvres morts dans les rues de France
L'État fait quoi à part constater le décès, ramasser le corps, le mettre dans un frigo et le jeter ?
Un soir dans l'année au JT on parle d'eux
Alors qu'eux, chaque soir, meurent par deux
Ensuite, vous avez ceux qui se battent, prêts à rester debout malgré les coups, ils disent :
« Écoute l'ami, le coût de la vie est cher, vends-la à personne, pour le temps éphémère devient quelqu'un forge-toi une personne ! »
Ce qui différencie le bien du mal, c'est le pouvoir financier et à y croire j'en ai eu bien du mal
Mais trop en évidence, sous mes yeux, dans ma rue
J'y fais un rêve, j'étais riche et je marchais dans ma rue...

[Refrain]

Ça aura pu être toi ou moi
Lui ou elle
Différente à chacun, pour certains elle est même cruelle
Elle envahit mes visions, mes rêves mes cauchemars
Je me vois trop souvent en elle finir clochard

Relate mes souvenirs, mes rires et mes larmes se confondent
parmi la mort, ses pleurs et ses charmes
Nombreux à y être et à y rester
Celle-ci c'est pour ceux qui ont grandi au foyer.

Chapitre 7

Ce monde où l'on frappe les femmes

Comme j'étais très sérieux sur les horaires, respectueux avec les éducateurs, la Ddass m'a confié un appartement dès l'âge de dix-sept ans. Pour que l'on apprenne à gérer un budget, de l'argent nous était confié chaque semaine, autour de 30 ou 40 euros. Autonomes, mais encadrés. La nuit, un veilleur passait pour vérifier que nous étions bien calmes dans nos appartements. Quand ma petite amie était là, chez moi, elle devait se cacher dans l'armoire ou sous le lit pour éviter d'être repérée. Le rap était déjà ma passion première, si bien que j'étais sur le point de louper mon BEP peu avant les examens. Le directeur du lycée avait cerné le problème. Il a cherché à me réveiller en me posant la question sous la forme d'un ultimatum : « Le rap ou les études ? » Et moi de répondre, bêtement : « Le rap. » C'était stupide… En toute logique, je n'ai pas décroché le précieux sésame, le BEP MSMA (« Maintenance des systèmes mécaniques automatisés »). J'ai alors été réorienté et on m'a proposé une formation en sécurité incendie de laquelle je suis sorti avec mention.

Un cauchemar pour mère et fils

Le soir, on fête ce nouveau diplôme comme il se doit avec des amis, dans mon appartement. On est interrompus par le téléphone fixe qui sonne. Je décroche et j'entends la voix de ma mère. Elle est en larmes. Elle me demande de venir, me dit que c'est une urgence sans me donner de précision. Quelque chose s'est passé, mais je n'arrive pas vraiment à comprendre ce qui lui arrive. En un sens, je m'attendais à ce type d'appel un jour ; je suis secoué sans être surpris. Immédiatement, avec les copains, on monte en voiture, direction l'appartement où vit ma mère à l'époque. Direction boulevard du Mont-Boron. On grimpe les marches des cinq étages à grandes enjambées pour arriver chez elle. Là, tout le monde est sous le choc. L'appartement est sens dessus dessous, sale, des bouteilles d'alcool gisent aux quatre coins de l'appartement. Je vois ma mère ensanglantée, un œil au beurre noir. Ma mère m'explique en quelques mots ce qui s'est passé et me précise que le responsable est son compagnon de l'époque, avant de me donner son adresse. Ça sera la prochaine étape. Je demande alors à l'un de mes amis de camoufler les plaques d'immatriculation de la Renault 19 bleue dans laquelle on roulait. Une fois devant l'immeuble où vit cet homme, j'explique à mes copains que je vais monter seul jusqu'à son appartement et que si je ne suis pas revenu dans une heure, ils doivent monter me rejoindre. À l'époque, il n'y a pas les téléphones portables… Dans les escaliers, la peur m'envahit ; je me demande ce qui m'attend. Je frappe, il m'ouvre. La fumée de Gitanes a envahi les lieux, j'aperçois une chambre dans un renfoncement où se trouve un homme en piteux état. Sur la table sont posés un jeu de cartes et une bombe lacrymogène. Par la fenêtre, on peut voir mes amis qui attendent en bas. J'engage la discussion avec celui qui a frappé ma mère. Il m'appelle « fils », me demande ce que je fais là, si tout va bien à l'école… J'en viens à douter des paroles de ma mère. Je lui explique pourquoi je suis là, il nie, j'insiste, la conversation semble sans fin. L'heure s'est écoulée. On sonne à la porte, je demande qu'on ouvre. Mes copains sont là, sauf Nicolas, le conducteur, qui attend pour partir vite si besoin. Et puis il y a un blanc, le temps semble se figer, je n'entends plus rien. Quand je reviens à la réalité, Momo parle en arabe de manière sèche, glaciale, je ne comprends pas ce qu'il dit. Il se tourne vers moi et répète en français : « T'as pas compris ? » En fait l'homme en face de moi a enfin avoué avoir frappé ma génitrice. Il essaie de justifier son geste inacceptable : « Il ne fallait pas qu'elle insulte ma mère ! » Je serre mon poing, la droite part. Il tombe, allongé sur le sol, il tremble. C'est la seule fois de ma vie où j'ai fait acte de violence. On ne s'attarde pas et on rentre tous à l'appartement. L'épisode a été violent, mes amis et moi en avons été complètement retournés. Il est même devenu tabou. Même des années après, le silence demeure. Nous n'en parlons jamais entre nous.

J'observe avec satisfaction le mouvement né ces dernières années visant à dénoncer les violences faites aux femmes. Il s'ajoute aux actions entamées en faveur de l'égalité femmes-hommes. La lutte est donc double. À l'époque où j'ai découvert ma mère le visage tuméfié après avoir été frappée par son compagnon, on ne parlait pas comme aujourd'hui des violences conjugales. Il serait inexact de dire qu'elles étaient taboues, mais on sentait un malaise lorsqu'il s'agissait d'aborder ce sujet. Je le voyais bien autour de moi, et moi-même je ne savais pas bien comment le traiter avec mes proches. Nous n'avions pas non plus le réflexe « police-justice » quand on était confronté à ces situations en tant que victime ou témoin. Les chiffres n'étaient pas médiatisés comme aujourd'hui. Et avant 2000, ces statistiques n'existaient même pas. Ce problème social s'est imposé à tous, tristement illustré par des drames qui bouleversent des familles entières. Chaque année, plus de 100 femmes sont tuées par leur conjoint ou ex-conjoint : 157 en 2010, 122 en 2015, 113 en 2021… Dans la majorité des cas, les faits ont lieu au domicile, sans préméditation. Souvent sous l'emprise d'alcool. Ces crimes surviennent sur fond de disputes, à l'annonce d'une séparation par exemple ou lors de crises de jalousie.

Si des efforts ont été faits, si des changements dans le bon sens sont à signaler, les causes de ce problème n'ont pas été entièrement traitées. Je pense ici, par exemple, au rôle de l'alcool dans les violences conjugales. Attention, il ne s'agit pas de justifier, mais d'expliquer, d'identifier afin de pouvoir être efficace.

Les acteurs en première ligne – policiers, personnel social, judiciaire et médical, enseignants – le savent. Les études montrent que le risque d'agression dans un couple est multiplié par trois en cas d'abus ou de dépendance à des drogues, dont l'alcool. Le Grenelle des violences conjugales lancé en 2019 devait permettre d'aborder tous les angles de ce sujet et notamment les facteurs causals. Hélas, cet aspect-là n'a pas été mis en avant. Si bien que des professionnels et collectifs de patients et de professionnels spécialistes de l'addiction se sont exprimés dans une lettre ouverte adressée aux pouvoirs publics : « L'alcool : le grand absent du Grenelle contre les violences conjugales », tel était le message du Collectif des proches de malades alcooliques (CoPMA) qui rassemble des associations de proches de personnes dépendantes à l'alcool, avec le soutien de patients experts. « On sait en effet, grâce à l'analyse des morts violentes au sein du couple survenues en 2018 et plus particulièrement des 121 féminicides, publiée par la délégation d'aide aux victimes, que dans 55 % des cas au moins l'un des deux, auteur ou victime, est sous l'emprise d'une substance (alcool, stupéfiants, etc.) », souligne le CoPMA. Selon un rapport de l'Observatoire national de la délinquance et des réponses pénales (ONDRP), en 2012, 50 % des femmes déclarant des violences de la part de leur conjoint notaient que celui-ci était saoul et/ou sous emprise de drogues lors des faits – un chiffre qui serait sous-estimé selon des professionnels.

Les violences conjugales ne se limitent pas aux homicides. Généralement, des violences plus ou moins fréquentes ont précédé la mort. Si ma mère n'est pas morte sous les poings de son compagnon, elle a néanmoins été victime de coups de sa part. Chaque année, une enquête de victimation intitulée « Cadre de vie et sécurité » (INSEE-ONDRP-SSMSI) est publiée. En 2019, elle estimait à 213 000 le nombre de femmes âgées de dix-huit à soixante-quinze ans qui, au cours d'une année, étaient victimes de violences physiques et/ou sexuelles commises par leur conjoint ou ex-conjoint. Ma mère est donc venue grossir ces statistiques il y a plusieurs années. 18 % d'entre elles déclarent avoir déposé une plainte suite à ces actes. Quand on découvre, après un drame, que la victime avait alerté les forces de l'ordre, parfois à plusieurs reprises, l'incompréhension est totale. L'opinion publique y voit souvent un crime qui aurait pu être évité, un défaut de protection inacceptable. À cet égard, le cas de Cécile, quarante-quatre ans, tuée par son ex-mari, Dominique, à Domont (Val-d'Oise) a fait la une des journaux entre décembre 2020 et janvier 2021. Cette mère de trois filles avait pourtant déposé plainte contre Dominique à plusieurs reprises… vingt-deux fois, pour être exact. La gendarmerie avait refusé d'enregistrer sa vingt-troisième plainte. Depuis plusieurs années, son mari, avec qui elle gérait une entreprise paysagiste, la frappait. Cécile avait décidé de le quitter, quitte à retourner vivre avec ses filles chez ses parents. L'homme à la consommation d'alcool excessive avait déjà été condamné à deux reprises par la justice pour violence conjugale. Le 17 décembre 2020, bien que n'ayant aucun permis de port d'armes, il se rend dans l'entreprise familiale armé d'un fusil, prend en otage deux employés, ainsi que son ex-femme. Le GIGN arrive sur place. Un robot est envoyé en repérage dans les locaux, mais c'est déjà trop tard : le corps de Cécile Piquet et son ex-mari gisent sur le sol. Après avoir blessé ses employés – dont un grièvement – et tué sa femme, Dominique s'est suicidé. Les médias révéleront qu'aucune réelle mesure de protection n'avait été mise en place. Parce qu'ils dirigeaient la même entreprise, pour ne pas empêcher Dominique de travailler et lui permettre d'assurer ses fonctions, la mère de famille n'avait pas pu bénéficier du « téléphone grave danger », ni d'une ordonnance de protection. À l'évidence, ce crime aurait pu être empêché. Une enquête a été couverte pour faire toute la lumière sur la procédure et les possibles manquements. Ce type d'enquête administrative semble être de plus en plus fréquent. La vague d'émotions que déclenchent ces affaires oblige les différents acteurs institutionnels à un travail d'introspection. Le 4 mai 2021, la France découvrait la terrible histoire de Chahinez Daoud, cette femme de trente et un ans brûlée vive en pleine rue par son ex-mari, Mounir Boutaa, à Mérignac (Gironde). Ce dernier qui était aussi le père de ses trois enfants a expliqué qu'il était persuadé qu'elle avait un amant, il voulait, selon ses termes, « la punir ». L'homme était déjà connu des services de police : sept condamnations au casier pour des faits de conduite en état d'ivresse, de vol et de violences avec arme. En 2020, il avait même écopé d'une peine de dix-huit mois de prison, dont neuf avec sursis pour des faits de violences sur son ex-femme, avec l'interdiction d'entrer en contact avec cette dernière. Mounir était même recherché depuis deux mois et s'était rendu dans un commissariat pour un souci de garde d'enfants. Le gardien de la paix qui l'avait reçu ce jour-là – lui-même condamné un mois plus tôt pour « violences habituelles sur son ex-conjointe » ! – ne l'avait pas arrêté. La mission d'inspection décidée par différents ministres a mis au jour une série de défaillances entre les services. Quelques mois après, cinq policiers, dont le patron de la police en Gironde, étaient convoqués devant des conseils disciplinaires avant d'être sanctionnés pour des erreurs et des négligences précédant le meurtre de Chahinez.

Les témoignages de femmes ayant eu de mauvaises expériences en s'adressant à la gendarmerie ou au commissariat pour dénoncer des violences conjugales ne manquent pas. Je vois comme un progrès les formations qui se multiplient ces dernières années à destination des policiers, gendarmes et aussi pompiers. En effet, généralement, les policiers et gendarmes veulent bien faire, ils se sont engagés dans cette profession pour protéger. Mais par manque de moyens et de formation, la prise en charge des victimes peut être insuffisante. Ainsi, en Normandie, la formation consacrée à la détection et à la gestion des violences faites aux femmes, obligatoire pour les policiers nationaux et gendarmes, est aussi dispensée aux pompiers et policiers municipaux depuis moins de deux ans. À l'échelle nationale, le ministre de l'Intérieur Gérald Darmanin avait annoncé, à l'été 2021, une série de mesures pour améliorer la prise en charge des violences conjugales par les forces de l'ordre. Le journal *Libération* a rendu publiques, sur son site, les consignes du ministère de l'Intérieur. Certaines règles énoncées existaient déjà, parfois non appliquées par manque de moyens humains et financiers. D'autres annonces sont nouvelles et demandent un budget. Le ministre de l'Intérieur souhaite que les forces de l'ordre fassent de ce sujet une priorité, en informant le procureur de la République de tout fait de violences intrafamiliales, même en l'absence de plainte. Pour un meilleur suivi des affaires, un responsable clairement identifié, dédié à cette thématique, sera désigné dans toutes les circonscriptions de sécurité publique (CSP) et brigades de gendarmerie. Les unités de police nationale et de gendarmerie nationale devront être renforcées par des enquêteurs supplémentaires formés au problème des violences intrafamiliales. Gérald Darmanin a rappelé aux fonctionnaires l'importance de saisir systématiquement les armes des mis en cause. Le ministre demande également à ce que les signalements sur les différentes plateformes numériques à destination du grand public soient traités. Un responsable national spécialisé dans les services de police et unités de gendarmerie doit être désigné, il fera le lien avec la direction générale ou la préfecture de police dans le traitement des affaires de violences au sein des familles.

De sages résolutions. Reste à savoir si les moyens suivront, car rien n'est moins sûr… La bonne volonté n'est pas suffisante, il faut se donner les moyens de ses ambitions. Et quand on creuse, le budget demeure souvent flou. Depuis des années, les forces de l'ordre réclament les moyens nécessaires afin de pouvoir travailler correctement. Cela ne concerne pas uniquement la prise en charge de victimes de violences intrafamiliales, tous les aspects de la profession sont concernés. Ainsi, les officiers de police judiciaire doivent faire face à un nombre de dossiers si importants qu'ils ne peuvent traiter toutes les affaires avec la même rigueur. Ils sont contraints à faire des choix, à prioriser. Pas étonnant qu'une crise de la vocation touche les policiers aujourd'hui. Aux effectifs insuffisants et aux retards sur les salaires s'ajoutent le manque de matériel, la vétusté et l'insalubrité des commissariats… Considérer que cette situation ne regarde que les policiers est une erreur. Les conséquences touchent le public et les victimes en premier lieu qui sont les usagers de ce service public. Les conditions d'accueil doivent être décentes et les fonctionnaires méritent que l'on réponde aux besoins du quotidien. C'est aussi une manière de créer un lien plus serein et apaisé avec les citoyens.

Les femmes ne sont pas seulement vulnérables face aux violences conjugales. Le fait qu'en 2022 les inégalités salariales entre les hommes et les femmes perdurent est inadmissible. Ce n'est d'ailleurs pas propre aux employeurs masculins, les femmes cheffes d'entreprise peuvent avoir le même réflexe : sous-payer les femmes employées. L'Insee a calculé un écart de revenu de 14,1 % en moyenne en 2017.

Cet écart salarial concerne aussi bien le secteur privé que le secteur public. Le rapport annuel de 2018 sur l'égalité professionnelle publié par la direction générale de l'administration et de la fonction publique souligne que « le salaire net en équivalent temps plein des femmes est inférieur en moyenne de 12,3 % à celui des hommes ». On ne reviendra pas ici sur les difficultés que peuvent rencontrer les femmes qui tentent de concilier vie professionnelle et vie à la maison ; elles se retrouvent avec des temps partiels non voulus, subissent des horaires fractionnés, doivent gérer seules la maison et les enfants… La précarité s'accorde trop souvent au féminin. Un facteur qui explique parfois la décision de certaines mères de rester sous le même toit que leur compagnon malgré les violences : la crainte de ne pas réussir à joindre les deux bouts crée une dépendance à l'autre et amène à des situations tragiques. Vient se greffer la question centrale du logement. Certes, des places en hébergement spécialisé et sécurisé existent. Cependant, un hébergement n'est pas un logement, l'hébergement se veut temporaire. De plus, les places sont inférieures à la demande. Le Grenelle des violences conjugales a amélioré quelque peu les dispositifs, mais il y a toujours plus de femmes qui veulent fuir l'enfer du domicile que de places disponibles. Demeure la question de la jouissance du domicile conjugal. Heureusement, le cadre juridique a récemment évolué, grâce aux travaux du Grenelle des violences conjugales. Depuis le 1er août 2020, le juge des affaires familiales attribue la jouissance du logement partagé au conjoint qui n'est pas l'auteur des violences, même s'il a bénéficié d'un hébergement d'urgence. Le juge peut exiger que les frais afférents soient à charge de l'auteur des actes.

Ce combat que je mène

Tous les combats féministes ne sont pas encore remportés. Je m'inscris donc dans une lutte qui est celle contre les violences faites aux femmes et aussi pour les mêmes droits quel que soit son sexe. Je sais aujourd'hui que ma voix porte et je me réjouis qu'elle puisse être utilisée pour de nobles causes. La défense des droits des femmes s'inscrit dans mon histoire familiale. Participer à des actions lancées avec des associations est pour moi naturel, cela fait même écho à mes textes, que je vois comme des outils de sensibilisation. Et tant mieux si des fonds peuvent ainsi être récoltés. C'était le cas le 16 septembre 2021, lors d'un spectacle de danse caritatif contre les violences conjugales organisé par la Ville de Nice et l'agence Aïe Events. Nous avons pu remettre un chèque de près de 4 000 euros à l'association Une voix pour elles, qui agit contre toutes formes de violence et d'inégalités faites aux femmes et contribue à apporter une aide matérielle et logistique aux victimes de violences intrafamiliales. Déjà en 2017, lors de la Journée internationale pour l'élimination de la violence à l'égard des femmes, la municipalité de Nice m'avait invité à participer à des événements de sensibilisation. J'avais donc échangé avec le public au Théâtre national de la ville et présenté le clip de ma chanson

« Femme forte ». Ce rendez-vous était d'autant plus important que ce titre – comme d'autres – a une fonction préventive assumée. Je l'avais même chanté sur le Miroir d'eau, sur la promenade du Paillon, accompagné d'un ballet de jets d'eau – une façon de décliner cet enjeu sociétal sous une forme accessible à tous et de refuser d'enfermer le sujet dans le silence.

Écrire des chansons engagées est un exercice particulier. On se situe au-delà de la musique, on touche à l'humain. Beaucoup n'ont pas compris les combats sociétaux menés dans mes titres. Ce que je raconte, je l'ai vécu, j'y ai assisté, je l'ai côtoyé. Le rap est une façon de communiquer un message. Mes morceaux sont une manière de faire de la prévention, en espérant que cela serve à quelqu'un. Dans mes textes, j'utilise généralement la fiction pour traiter d'un sujet né de l'expérience familiale. Si mon histoire est unique, les écueils rencontrés ne me sont pas propres. Ma peine et mes problèmes ne sont pas seulement les miens, nous avons tous, dans notre entourage, une amie, une sœur, une collègue qui a été victime de violences intrafamiliales par exemple. Bon nombre de personnes partagent des histoires similaires. Lorsque je chante « Femme forte » en concert, il arrive que des femmes viennent me voir pour me dire que je viens de raconter leur vie. C'est ce rap conscient que je défends, bien loin des stéréotypes malsains du rap « gangsta » mettant en scène des femmes-objets. Je fais donc de certains de mes titres des instruments pédagogiques – ma manière de me rendre utile à la société.

« Femme forte »

[Couplet]

Elle élève seule ses deux gamins, papa est au comptoir
Elle s'noie dans une routine morbide quand papa s'noie dans le Ricard
Maman enchaîne les courses, les couches et les tâches ménagères
Quand l'bâtard est bourré, elle encaisse les coups d'façon spectaculaire
Devant les yeux d'leurs mômes le père se transforme en bourreau
Le p'tit implore Spiderman, il comprendra qu'il n'y a pas de héros
Les coups jaillissent les rêves se meurent, l'amour est mort
L'envie d'partir est forte
Dans ses visions elle se voit morte

[Refrain]

La femme est belle, elle est forte, mais elle est fragile
Combien d'elles tiennent le choc en connaissant un destin tragique
Si j'prends la plume, c'est pour elles
Un ange sans les ailes côtoie d'autres anges dans le ciel
(Destin tragique)

[Couplet]

Elle s'fait discrète
Elle fait en sorte que le lion ne rugisse pas
Elle prie pour qu'il n'aille pas au bar pour que l'alcool ne la punisse pas
En rendez-vous avec les assistantes sociales

Elle cache son mal derrière maquillage vulgaire, ils diront que c'est normal
Elle leur parlera d'l'évolution de leurs enfants pendant qu'eux-mêmes dessineront ces actes violents commis à la maison
Du sang, des larmes, un grand monsieur qui paraît dur
Quelques ratures d'enfants ont donné vie aux procédures
Un mois après deux monsieurs se présentent à la porte
Montrent un papier à papa ensuite lui enfilent les menottes
Maman pleure de joie, de peine, je ne sais pas, mais aussitôt j'la réconforte
Petite sœur sourit en mangeant compote
L'impression d'avoir vu la page s'tourner devant mes yeux
M'fais dire qu'demain tout ira mieux, lui au pire j'y dis adieu
Vingt-quatre heures plus tard, ça sonne au parlophone
Maman répond son regard change je comprends vite que le monstre monte
Je prends la main de petite sœur je la cache sous son lit
Je lui implore de n'pas bouger et file avant qu'le monstre arrive
Mais pas le temps de m'éclipser
La porte n'a pas pu résister
Maman pleure elle se débat mais impossible de se désister
Il hurle à la traîtrise, il lui en veut de s'être plainte
Mais elle aura tout fait pour se camoufler
Derrière son fond de teint
Les coups pleuvent, pas la force d'se justifier
Du haut de mes cinq ans, tenant ma figurine, j'implore un justicier
Maman tombe les yeux fermés, son visage est vers moi
Je pleure, je tremble, ma figurine tombe, je me dis qu'c'est à moi

Puis d'un coup j'vois deux hommes venus de nulle part dans mon couloir
Ils frappent le monstre, une dame arrive, j'reconnais la voisine, l'espoir
Elle m'amène dans la chambre, petite sœur pleure sous le lit
Elle nous prend dans ses bras sans savoir qu'elle nous a sauvé la vie
Maman se réveillera à l'hôpital trois jours après
Papa dormira en cellule, j'espère pour beaucoup plus d'années

[Refrain]

La femme est belle, elle est forte, mais elle est fragile
Combien d'elles tiennent le choc en connaissant un destin tragique
Si j'prends la plume, c'est pour elles
Un ange sans les ailes côtoie d'autres anges dans le ciel
(Destin tragique).

Chapitre 8

« Engagez-vous », qu'ils disaient

Lorsqu'on mène un combat, pour les SDF, les femmes battues, que l'on s'engage aux côtés des policiers, des pompiers, des éboueurs, que l'on sort de la cité pour progressivement devenir un personnage médiatique, on fait de la politique – qu'on le veuille ou non. On agit pour la vie de la cité. La création artistique porte en elle une vision du monde, un certain regard. Je défends un rap conscient, un engagement intelligent, différent du « gangsta rap » défendant le bling-bling, l'ultra-consommation des femmes comme des biens matériels. J'assume la part militante que comportent mes textes. Bien entendu, je n'ai rien inventé, rien révolutionné. Le rap conscient existait en France avant même que je ne commence à faire de la musique. Né dans les années 1970 dans le Bronx, à New York, ce rap était une réaction aux difficultés rencontrées par les jeunes de quartiers. Pauvreté, racisme, drogue, violence… Les thèmes sont encore d'actualité. Ce rap politique vise à éveiller les consciences, à exprimer une contestation. En France, des rappeurs comme Kery James,

Youssoupha, Kalash Criminel et Vald ont recours à ce type d'écriture aujourd'hui.

Cette musique revendicatrice est une manière de militer. Pourtant, la relation entre politiques et rappeurs est houleuse. Sauf exception, ces derniers n'investissent pas les partis politiques. La vision « tous pourris » est largement partagée dans le milieu. De moins en moins de rappeurs se mobilisent pour appeler à voter par exemple. J'aurai l'occasion d'y revenir un peu plus tard dans ce livre. En 2016, le rappeur Kery James sortait son titre « Racailles », dans lequel il ne ménage pas la classe politique : « *On a le sentiment qu'aller voter/C'est choisir par lequel d'entre vous on veut se faire entuber/Racailles !/Républicains ou PS/Rangez vos promesses dans vos sacs Hermès/Racailles !/Vous n'avez jamais connu la précarité/Vous vivez à l'écart de nos réalités/Racailles !/La rue le pense, j'le mets en musique/Et pour ceux qui l'ignorent encore j'le rends public.* » Dix ans auparavant le groupe Sniper faisait un carton avec le morceau « Brûle ». Tunisiano y rappait les mots suivants : « *Il parle de Kärcher, divise la France en deux/Sarko t'offre un lavage à L'Éléphant bleu/Mais c'qui est malheureux c'est que l'on brûle le peu qu'on a/Alors qu'il suffirait de voter pour incendier ces connards.* »

Depuis les années 1990, les règlements de compte entre rappeurs et politiques ont régulièrement lieu dans les tribunaux. La justice solde les différends. La première grosse affaire a eu lieu en 1995 : le groupe Ministère A.M.E.R. est à l'origine d'un morceau provoquant la colère des policiers et qui fera partie de la bande originale du film – devenu un classique – *La Haine*. Le titre est explicite : « Sacrifice de poulets », et il fera connaître le collectif de rappeurs au grand public. Déjà en 1992, Charles Pasqua alors ministre de l'Intérieur avait tenté de faire retirer des bacs l'un des albums où figurait le titre « Brigitte, femme de flic », sans succès. En 1995, les choses sont différentes : le ministère de l'Intérieur porte plainte et gagne. Reconnu coupable d'incitation au meurtre avec le morceau « Sacrifice de poulets », Ministère A.M.E.R. écope d'une amende de 250 000 francs. Le groupe se sépare alors et, une dizaine d'années plus tard, Doc Gynéco, l'un de ses anciens membres, soutiendra Nicolas Sarkozy, candidat à l'élection présidentielle. L'année suivante, le scandale est créé par NTM condamné là aussi à cause de leurs propos concernant la police. Dans les années 2000, la judiciarisation n'épargne personne. En 2002, un bras de fer s'engage entre le rappeur Hamé, du groupe La Rumeur, et le ministre de l'Intérieur Nicolas Sarkozy à qui un des titres – jusqu'alors confidentiel – n'a pas plu. Après huit ans de procédure, l'artiste sera définitivement relaxé. Ses paroles – « *Les rapports du ministère de l'Intérieur ne feront jamais état des centaines de nos frères abattus par les forces de police sans qu'aucun assassin ait été inquiété.* » – n'auront pas été jugées condamnables pour les magistrats. Nouvelle polémique en 2004 avec le groupe Sniper cette fois-ci et la chanson « France ». Les paroles « *On nique la France* » plaisent peu au même Nicolas Sarkozy qui poursuit le groupe en justice, mais le procureur demandera la relaxe. Le parlementaire François Grosdidier se lancera dans une croisade contre les rappeurs tenant des propos hostiles à la France, sans grand succès. Il perdra face à Monsieur R qu'il accusait d'« outrage aux bonnes mœurs » pour sa chanson « FranSSe » et également son clip où l'on voyait des femmes peu vêtues se frotter à des drapeaux français. Plus rarement, ce sont les rappeurs eux-mêmes qui engagent des poursuites. En février 2021, le rappeur Médine, qualifié d'islamiste par la députée Aurore Bergé, annonçait sur ses réseaux sociaux avoir déposé plainte pour diffamation. Sur LCI, la députée avait évoqué Médine avec ces mots : « Ce rappeur islamiste, vous savez, celui qui disait qu'il fallait tuer les laïcards. » Dans son titre « Don't Laïk », il chante en effet : « *Crucifions les laïcards comme à Golgotha/Le polygame vaut bien mieux que l'ami Strauss-Kahn* », un « appel au meurtre » pour Aurore Bergé. Une interprétation qui n'a pas manqué de faire réagir l'intéressé : « Elle me colle une idéologie qui n'est, bien sûr, pas la mienne. C'est la fois de trop. J'attends une condamnation et des excuses publiques », a expliqué Médine. Les juges ont pris l'habitude de défendre la liberté d'expression et de création des artistes. En 2012, Éric Zemmour perdait son procès en appel pour injure et diffamation contre le rappeur Youssoupha qui l'avait qualifié de con dans une chanson. Les magistrats ont estimé à l'époque qu'une « tolérance » particulière s'imposait dans la mesure où le « journaliste, chroniqueur et polémiste connu pour son sens pas toujours bienveillant de l'humour et de la formule » était un personnage public. La cour a considéré le rap comme « un style artistique permettant un recours possible à une certaine dose d'exagération ».

Qu'elles soient justifiées ou non, les polémiques se multiplient ces dernières années, accentuées et nourries par les réseaux sociaux. Le message peut être beau, bienveillant, échapper à la critique est devenu mission impossible. J'en ai fait les frais lors de la sortie de « #Projet18 » : une chanson « patriote » jugée d'extrême droite par mes détracteurs. Des insultes des menaces de mort m'ont été envoyées. Et qu'importe si je me présente « sans arme ni violence ni haine ». Casser les codes n'a pas toujours été bien perçu. Surnommé par certains le « chouchou de la droite et de la police françaises », on a essayé de m'enfermer dans un groupe politique, de me polariser. La raison ? Avoir composé plusieurs chansons pour les forces de l'ordre. J'assume avoir écrit, par exemple, un morceau en hommage au brigadier Éric Masson, tué au cours d'une opération antidrogue à Avignon. Et un autre pour la fonctionnaire de police Stéphanie Monfermé, poignardée à mort par un terroriste islamiste dans le sas d'entrée de son commissariat. J'ai participé à la manifestation des policiers le 18 mai 2021 à Paris. Il est tout naturel pour moi, père de famille, de défendre de manière pacifique les hommes et les femmes qui se sont donné pour mission de nous protéger. Alors oui, j'ai été aux côtés de ces policiers devant l'Assemblée nationale, j'ai répondu à l'appel des syndicats qui demandaient aux citoyens de venir les soutenir lors du rassemblement. Contrairement à ce qu'on peut entendre ou lire dans les médias, sur les réseaux sociaux, le soutien aux forces de l'ordre n'est pas l'apanage de la droite ou de l'extrême droite. Cette thématique concerne tous les individus de la société, quelle que soit la couleur du bulletin qu'ils ont l'habitude de glisser dans l'urne. D'ailleurs, ce jour-là, de nombreux élus de tous bords étaient là. Si Jean-Luc Mélenchon n'avait pas souhaité participer, l'élu communiste Fabien Roussel avait répondu présent, tout comme Yannick Jadot, eurodéputé EELV, ou encore le premier secrétaire du PS, Olivier Faure ainsi que la maire socialiste de Paris, Anne Hidalgo – des figures placées à gauche sur l'échiquier politique. Et tous ont expliqué que derrière l'uniforme se trouve un homme qui mérite respect et considération.

Mes prises de position dérangent certains, c'est leur droit. La singularité n'est pas toujours appréciée. Cependant, je ne peux admettre ce qui est faux : mon rap n'est pas fait pour plaire à un parti, il ne sert qu'à rassembler au-delà des clivages partisans. Que des politiques apprécient mes engagements est une chose, cela ne fait pour autant pas de moi un homme encarté. Et il est encore moins acceptable que l'on me fasse passer pour un adepte du Ku Klux Klan, cette société secrète américaine défendant la suprématie blanche. C'est pourtant ce qu'il s'est passé, à ma grande surprise. Reprenant une photo que j'avais publiée sur mes réseaux sociaux où on me voit faire le signe de l'anneau, le geste « ok » en plongée par exemple, un hebdomadaire national a expliqué qu'il s'agissait du signe des supporters de l'ultradroite américaine suivant le modèle du Ku Klux Klan. Et ce, sans même me contacter au préalable, sans même vérifier si cette interprétation – calomnieuse – était juste. Rien que ça ! Notons que mes réseaux sociaux comptent un nombre non négligeable de clichés en compagnie d'artistes, de personnalités, où je fais ce signe très courant, comme d'autres font le « V » de la victoire par exemple. L'article n'était signé que par les initiales du journaliste... Ce type de papier mensonger, à forte charge diffamatoire, ne peut que nuire à la personne visée. Très peu procédurier, j'ai, pour la première fois de ma vie, décidé de saisir la justice. Ce genre de pratique ne peut devenir une habitude.

Peu après la manifestation de soutien aux forces de l'ordre, nouvelle controverse : des parlementaires du parti Les Républicains publient une lettre adressée au président de la Fédération française de football (FFF) et ancien maire socialiste de Guingamp, Noël Le Graët. Ils lui proposent, dans leur courrier, de choisir ma chanson « Allons enfants de la Patrie », en tant qu'hymne en l'honneur de l'équipe nationale pour l'Euro de football. On pouvait lire : « Nous souhaitons vous faire part de notre soutien au rappeur Kaotik 747 afin de porter l'hymne français lors de l'Euro qui se tiendra à partir du 11 juin. À la suite de son intervention au cours du rassemblement citoyen en soutien aux forces de l'ordre, lors duquel il leur a rendu hommage, le rappeur niçois a connu un vaste succès. Des dizaines de milliers de Français ont réclamé qu'il compose et produise l'hymne des Bleus. Pour répondre à cet élan populaire, ce dernier a composé son propre morceau pour les Bleus et est prêt à les accompagner durant toute la compétition. Contrairement au rappeur Youssoupha, Kaotik a confié vouloir unir toute la France "sous un même drapeau", sous ce drapeau tricolore qu'il affectionne tant. Nous avons d'ailleurs entendu son amour de la patrie et sa volonté de fédérer, notamment à travers le morceau qu'il a composé et qui sera diffusé ce soir sur sa chaîne YouTube. Nous espérons que vous entendrez cet appel du peuple français. » Il n'en fallait pas plus pour que des individus sur les réseaux sociaux, des journalistes dans les médias, m'enferment dans une case peu valorisante à leurs yeux, celle de « rappeur de droite ». Et qu'importe s'ils ne me connaissent pas personnellement, si je n'ai jamais parlé publiquement des choix que je fais dans l'isoloir. Dans la mesure où des politiques de droite apprécient mes titres, cela fait de moi, en conséquence directe, un homme de droite selon eux. Je sais bien que c'est un moyen d'essayer de me disqualifier auprès de certains Français. Pour ma part, j'ai été touché par cette lettre et par l'initiative de ces députés. Ils ont compris mon message, cette recherche d'unité qui est la mienne. Je ne rentre pas dans des querelles qui relèvent d'ailleurs, en un sens, de la politique politicienne.

Lors de la sortie du clip de ma chanson « Nissa » en 2014, l'engouement a été fort. Pourtant, j'entendais souvent dire que Nice était une raciste, facho… Ayant une profonde affection pour cette ville, il m'en fallait davantage pour me faire reculer. Peu après, je recevais un appel de Christian Estrosi, le maire de Nice, qui me proposa la médaille de la ville. Cette reconnaissance m'a touché. La cérémonie était simple, je n'avais ni cravate ni costume – une simple chemise blanche. J'étais à ce moment précis le père de deux enfants, remercié pour le message véhiculé. Cela a été ma première rencontre avec les politiques. Quelques années plus tard, je recevais les remerciements du maire de Nice et du préfet des Alpes-Maritimes Bernard Gonzalez pour mon initiative autour de « #Projet18 » alors que les violences contre les personnes dépositaires de l'autorité publique ne cessaient de croître. Ce phénomène qui s'est installé n'est pas une fatalité, tel est l'objet de ma chanson. Lorsque je veux lancer une action caritative, la ville répond présente.

Il m'est aussi arrivé de rencontrer des politiciens qui m'ont pris pour quelqu'un de dupe, voire stupide. Des personnes souhaitant récupérer mon nom, profiter de ma petite audience, prendre des photos et les diffuser en laissant entendre que je les avais rejoints. Ils savent que je rassemble et pour récupérer éventuellement quelques voix, s'offrir plus de visibilité, tentent de s'appuyer sur des artistes par exemple. Ils se donnent un rôle et sont tout sauf sincères. Cette opération de séduction ne m'échappe pas, je me rends compte que les politiques me courtisent, de la gauche à la droite. Ainsi, j'ai discuté longuement au téléphone avec Nicolas Dupont-Aignan qui voulait m'inviter au Cirque d'Hiver à Paris pour son meeting du 3 octobre 2021. J'ai décliné. Si je porte du respect à la classe politique dans son ensemble, ma sensibilité est différente de la sienne. Idem pour le clan Zemmour qui m'a approché à plusieurs reprises, via Objectif France, en 2021. Je refuse de rentrer dans un moule, que ce soit dans celui de l'industrie du rap avec ses codes, ou dans celui de la politique politicienne. La plupart du temps, les Français remarquent le manque de sincérité. L'objectif de mes actions reste humain : rassembler, faire de la musique, partager. Je sers aujourd'hui le pays à ma manière : en prônant le respect des institutions, en agissant sur le terrain, par le biais d'événements pour les personnes dans le besoin… J'ai fait ce que j'avais à faire quand j'ai été témoin, avec ma compagne et mon fils, d'une violente agression vers midi dans les rues de Nice en décembre 2021. Un homme d'une soixantaine d'années était sur le sol et deux individus lui assénaient des coups de pied. Alors qu'on passait en voiture à proximité, c'est ma compagne qui a compris la première ce qu'il se passait. Le sourire des deux agresseurs m'a marqué. Nous nous sommes immédiatement arrêtés et les deux jeunes ont pris la fuite. Pendant que mon amie, ambulancière, s'occupait de la victime au sol, j'ai arrêté un automobiliste en lui demandant d'appeler les secours. Sans attendre, je me suis lancé à la poursuite des deux hommes. En courant, je me suis rendu compte que je n'avais pas mon téléphone portable et rien pour me défendre en cas de besoin. J'ai demandé à un adolescent croisé sur mon chemin l'une de ses béquilles. Les deux agresseurs, se pensant seuls, avaient cessé de courir. En les suivant discrètement, j'ai vu qu'ils s'étaient arrêtés près d'un immeuble. C'est à ce moment-là que j'ai demandé à un passant d'appeler la police. Très vite, la BAC, les polices nationale et municipale sont arrivées. Les deux suspects ont pu être interpellés et la victime a été conduite à l'hôpital par les pompiers pour y être soignée. Il n'y a ici aucun geste héroïque. Les personnes ayant assisté à l'agression sans bouger, sans avertir les secours sont des complices malgré elles. Les faits ont eu lieu dans un quartier plutôt animé, à deux pas du plus grand commissariat de Nice. À chacun d'entre nous d'être vigilant. Ne nous enfermons pas dans l'idée que quelqu'un d'autre que nous va forcément agir. Ce comportement apathique signifie la fin du collectif, de la solidarité. Trop souvent les médias font part de faits divers dont l'issue aurait pu être moins dramatique si les témoins n'avaient pas détourné le regard. Il y a différentes façons de participer à la vie de la cité, pas seulement l'engagement partisan. Agir quand on assiste à une agression est un moyen sensé d'être dans l'action.

Ceci étant dit, je n'ai pas boudé mon plaisir en découvrant le message du chef de cabinet du président de la République Emmanuel Macron. Que l'on apprécie ou pas le président de son propre pays, recevoir un message de son chef de cabinet est une forme de reconnaissance de son engagement. J'avais pris la plume pour écrire à l'Élysée et partager mon projet fédérateur autour du morceau « Allons enfants de la Patrie ». Et à ma grande surprise, mon message n'est pas resté lettre morte : « Si l'abondance des courriers qu'il reçoit quotidiennement n'a pas permis de vous répondre en temps voulu, monsieur Emmanuel Macron tient toutefois à vous féliciter pour votre belle initiative et notamment le message de fraternité que renvoie votre chanson. Aussi, le chef de l'État vous adresse ses encouragements pour la poursuite de votre activité artistique et forme le vœu que vos créations rencontrent tout le succès qu'elles méritent. » Ces quelques lignes m'ont d'autant plus touché que je n'osais même pas espérer une réponse en écrivant à l'Élysée.

Aujourd'hui, les gens ne rêvent plus, ils ne croient plus en les politiques, même les cadors. Ils ne ressentent plus la proximité et la sincérité des hommes qui les dirigent. Les citoyens ne se sentent plus représentés. Les politiques ont oublié que leur mission est de servir les citoyens et non de nourrir leur ego. La crise de la légitimité se perçoit à chaque élection, à travers les chiffres de l'abstention. Les discussions politiques n'ont plus la même vitalité qu'avant. Ce manque de souffle, d'enthousiasme est particulièrement visible dans la campagne pour l'élection présidentielle de 2022. Les journalistes répètent qu'elle peine à décoller. Sur France Inter, le 31 janvier 2022, le directeur général délégué d'Ipsos France, Brice Teinturier, analysait : « Les projets, les propositions, ça n'accroche pas : c'est une campagne Tefal, on a le sentiment que tout glisse auprès des Français. » On reproche souvent aux politiques d'être coupés des réalités, du quotidien des Français, de la « vraie vie ». Je suis issu de cette France qui connaît le prix d'une baguette de pain et qui veut s'en sortir, je peux comprendre cette critique.

J'ai toujours voté. Après tout, la généralisation du droit de vote est le fruit de conquêtes dont nous sommes les héritiers. Les jours d'élection, je me réveille, je fais mes pompes, je prends mon petit déjeuner et je vais voter. C'est un rituel. Pour moi, ce n'est pas un droit, mais un devoir, celui de participer à la vie de la cité. Sur la carte électorale, on peut même lire : « Voter est un droit, c'est aussi un devoir civique », c'est-à-dire un devoir moral. Régulièrement, les études des instituts de sondage tendent à montrer la corrélation entre comportement politique et origine sociale. Autrement dit, les classes populaires, modestes, se tiendraient éloignées des processus électoraux. Si je ne remets pas en question ces travaux, il est important pour moi de préciser que cela ne relève pas d'une quelconque forme de malédiction ni de la destinée. Voter est accessible à tous. J'essaie de sensibiliser mes proches à cet acte. Et ce n'est pas chose facile. Le refrain est toujours le même : « Ça ne sert à rien », quand ce n'est pas : « Tous des escrocs. » Ma chance est probablement d'avoir évolué dans un univers politisé. Comment oublier les soirées télévisées animées par Anne Sinclair sur TF1 ? Avec mon grand-père adoptif, on regardait le fameux magazine politique « 7 sur 7 ».

Il pouvait y avoir des débats politiques violents à la maison, le ton montait rapidement, comme dans bien des familles en France. « La politique, passion des Français ! » En un sens, j'ai baigné dans la politique, cela m'a toujours intéressé et ne me demande aucun effort. Mon permis de conduire, ma carte d'identité, mon passeport, ainsi que ma carte d'électeur sont les documents que j'affectionne tout particulièrement, à leur manière ils ont tous un sens pour moi.

Nos politiques ont tort de ne pas prendre en compte les votes blancs. À ce jour, ils ne sont pas comptabilisés dans le nombre des suffrages exprimés. Pourtant, il s'agit d'une expression politique. La question de la reconnaissance de ce vote est souvent abordée, jamais réglée. Certes, depuis 2014 ces bulletins ne sont plus considérés comme des votes nuls, ils en sont donc séparés. Mais le vote blanc n'est pas reconnu comme une réelle expression. Il arrive que des parlementaires soumettent une proposition de loi afin de comptabiliser les votes blancs au même titre qu'un vote pour un candidat. Le résultat est toujours le même : la proposition est refusée. En fait, ce type de disposition risquerait d'invalider le second tour de l'élection présidentielle par exemple. Si aucun candidat n'obtenait de majorité absolue, il faudrait organiser un nouveau scrutin. Le problème demeure donc… Dans d'autres pays, le vote blanc est pris en compte, sauf au second tour. Il est aussi possible de mettre en place un seuil validant ou invalidant les élections.

En résumé, des pistes sont à explorer afin de ne pas faire de ce problème une fatalité. L'abstention est un indicateur de la bonne santé d'une démocratie. Le désintérêt pour la politique ou le mécontentement se fait connaître lors des scrutins, mais les racines sont bien plus profondes. Le désengagement n'attend pas les périodes électorales pour se manifester. Quand les citoyens n'investissent plus le champ politique, quand ils désertent les isoloirs, ils cristallisent généralement leur ressentiment autour d'engagements et de mouvements problématiques pour la démocratie ; les actions peuvent alors être violentes et remettre en question le pacte républicain. Ce risque doit inquiéter tous les partis, tous les Français attachés à la démocratie.

Je ne suis pas désabusé de la politique, l'optimisme m'habite toujours. C'est une manière aussi d'être dans l'action. Les convictions peuvent alors s'incarner. Avoir des idéaux ne signifie pas être naïf. Je milite pour un nouveau monde, la fierté d'appartenir à ce pays. C'est quelque chose que je veux transmettre à mes enfants, l'importance de la politique, du geste citoyen qu'est le vote, et plus largement l'histoire de France. La France est une terre d'opportunités. Apprendre la technologie, la mécanique, se former à l'administratif, intégrer les valeurs françaises, découvrir la géographie, l'histoire… Et ce, quelles que soient sa culture, son ethnie, sa religion. Tous unis sous le même drapeau !

«Dis-leur »

[Couplet]

Organisés comme la Cosa Nostra
Que des insultes dans la bouche j'me dis : « C'est louche comme on cause à notre âge. »
Les ados rêvent de gloire
Leurs parents cherchent du travail et nos anciens survivent avec une retraite dérisoire
On m'a dit : « C'est ça l'avenir. » On m'a dit : « C'est ça ta vie alors fonce p'tit, fais de nos vies une poésie
Raconte-leur nos fins de mois et nos galères, dis-leur qu'notre envie d'réussir est bien plus grande que nos salaires !
Dis-leur tout !
Mets tout sur la table, montre à ceux qu't'aime
Qu'tu es capable de mettre en évidence ce que les rappeurs cachent dans leurs cartables
Supprime-les, frère, s'il te plaît fais-les taire
Ils ont le cul dans un Cayenne, ils parlent de rue et font les fiers
Dis-leur qui sont les vrais, dis-leur qui a mangé d'la merde
Dis-leur qui a bossé, qui a sué, qui a mangé d'la ferme
Fils d'SDF, toi les bancs publics, tu connais, t'avais l'cul au chaud au foyer pendant qu'la nuit ta mère zonait
Dis-leur ! Dis-leur tout !
Dis-leur ce qu'ils ne doivent pas entendre
"Tié" là pour un moment, dis-leur qu'tu vivras pas cent ans
Dis-leur la vérité, laisse ton ego dans le tiroir
Dis-leur que tu as tué ton passé en brisant ce miroir. »

[Refrain]

« Dis-leur ! Dis-leur tout !
Dis-leur ce qu'ils ne doivent pas entendre

Tu es là pour un moment dis-leur qu'tu vivras pas cent ans
Dis-leur la vérité laisse ton ego dans le tiroir
Dis-leur que tu as tué ton passé en brisant ce miroir. »

[Couplet]

« Elle serait fière de toi
Continue l'combat lâche pas, tant qu't'aura des choses à dire, le cœur l'écrira pour toi, crois-moi
Tu bâtiras le chemin qui t'mènera vers la gloire, l'amour tu l'as trouvé c'est bien,
Protège les tiens, le mal n'est jamais loin
Leur diras-tu qu'ta mère est une femme de la rue conçue par un homme inconnu ? Toi oserais-tu cette mise à nu ?
Tu envisages de chanter devant les gens
Vas-y, dis-leur qui tu es vraiment
Dis-leur pourquoi tu fais du rap conscient
Dis-leur pourquoi tu rappes
Dis-leur pourquoi t'écris
Dis-leur que cette musique de merde n'est rien d'autre que ta thérapie
T'es meurtri, tu en peux plus, tu es à bout, cicatrices ensanglantées car j'parle de ton passé tabou
Tu as l'genou à terre
Tu gardes le mic en main et d'un signe de la tête t'effaces ta douleur sans penser à demain
Tu vis l'moment présent comme un greffé du cœur, dis-leur qu'tu as fait du malheur un carburant pour ton moteur
Dis-leur ! »

[Refrain]

« Dis-leur ! Dis-leur tout ! Dis-leur ce qu'ils ne doivent pas entendre
"Tié" là pour un moment, dis-leur qu'tu vivras pas cent ans

Dis-leur la vérité, laisse ton ego dans le tiroir
Dis-leur que tu as tué ton passé en brisant ce miroir. »

[Couplet]

« *Raconte-leur ce que tu penses de ce monde qui t'entoure*
De ces gens traités comme des dieux
Mais le pouvoir rend sourd (Tu vas laisser faire ça ?)
Toi qui sais manier les mots, arme-toi de ta plus belle plume et fais en sorte de réveiller les mômes
Faire cogiter les hommes
Rendre hommage à nos zones
Dis-leur qu'tu es un mec droit qui n'connaîtra certainement pas la "zonz"
Dis-leur qu'le cliché du rappeur toi tu as l'as tué, tu as le cœur sur la main il ne bat plus il est tatoué
Dis-leur qu'j't'ai vu pleurer, dis-leur qu'j't'ai vu réussir, dis-leur qu'j't'ai vu mourir dix fois, dis-leur que seul le rap te ressuscite
Toute façon, t'as pas les couilles j'le f'rai pour toi, mais s'il te plaît reste droit, si tu l'fais pas pour toi fais-le pour moi. »

Chapitre 9

La responsabilité des rappeurs

Le rap est une poésie moderne, j'ai grandi avec IAM et MC Solaar dans les oreilles : un rap qui propose des vérités, de l'engagement, une émotion couplée à un souci de l'écriture. Même chose pour Eminem outre-Atlantique. Je me suis biberonné à ces artistes sans savoir que cette époque était sur le point de prendre fin. Le sens et la morale ne font plus recette, ils apparaissent passés de mode. Ayant grandi avec ce rap à l'ancienne, ce souci de l'engagement est désormais inscrit dans mon ADN.

Entre aujourd'hui, 2022, et les années 1990, l'écart est énorme. Ainsi, à l'époque, lorsqu'on nous demandait pourquoi on appréciait le rap, on mettait en avant la puissance des textes, la force des mots, le message passé. Les cassettes proposaient les textes, et que l'on aime ou pas JoeyStarr ou Akhenaton, le rap nous donnait envie de lire, de se noyer dans les paroles. Combien de mots ai-je appris en écoutant l'album *L'École du micro d'argent* d'IAM... Le groupe NTM, avec le fameux morceau « Laisse pas traîner ton fils », défendait une certaine idée du monde, de la justice. On y percevait un message quasi universel. Aujourd'hui, quand on demande aux jeunes ce qu'ils ont retenu après avoir écouté un titre de rap, ils répondent généralement : « Chais pas, mais le son m'ambiance ! » Désormais, on a besoin d'un décodeur pour saisir les paroles, et cela ne dérange personne. Quand il n'y a pas de véritable texte à comprendre, l'Auto-Tune ne gâche pas grand-chose. On « s'ambiance », c'est le règne du divertissement. On écoute, on s'amuse, on passe à un autre morceau. Consommation immédiate et « *low* coût ». Aucun effort intellectuel. On produit des choses qui n'ont ni queue ni tête, du moment que ça vend…

Ces dernières années, la scène musicale française et francophone s'est transformée.

Dans les années 2010, les réseaux sociaux ont explosé en France, YouTube s'est imposé dans le quotidien des sociétés modernes. Ce qui a touché le monde politique, social, sportif a aussi métamorphosé le rap français. En effet, l'évolution du marché français profite à ce genre musical. Sur les plateformes d'écoute – le fameux streaming –, le rap domine l'Hexagone et bat des records. En 2021, dans le top 10 des artistes les plus écoutés en France sur Spotify ne figurent que des Français : Jul, Ninho, SCH, Damso, Naps, Booba, PNL, Djadja & Dinaz, PLK et Nekfeu. En se penchant sur le top 20 des plus gros vendeurs d'albums, près de 50 % d'entre eux se révèlent être des rappeurs, généralement français. Conséquence : l'argent est arrivé, coulant à flots, avec les avantages, mais aussi les dérives liées à ce changement de situation. En parallèle, le rap conscient a commencé à s'effacer du paysage du rap français, et ce, malgré le développement des labels indépendants.

Le buzz à tout prix

Ces rappeurs indépendants ont fait le choix des textes beaucoup plus bruts et crus que les anciens : armes à feu dans les clips, de plus en plus de drogue dans les images, des femmes avec le minimum de vêtements sur elles, des textes moins profonds que ceux de nos aînés… Ils présentaient souvent un rap bien moins travaillé, bourré de clichés. Pas de quoi refroidir les maisons de disques, bien au contraire. Elles ont observé la réaction sur YouTube et, lorsque le nombre de vues sous les vidéos était considérable, elles ont proposé à ces rappeurs de signer des contrats. Des gamins de quartier, prenant ces rappeurs pour modèles, ont également tenté leur chance avec pour but ultime de signer avec un label et de percer dans le milieu. Mais le succès sur Internet a ses limites. Les professionnels de la musique ont découvert qu'un rappeur pouvait faire des millions de vues sur YouTube sans parvenir pour autant à remplir les salles de concert. Les internautes ne se déplacent pas forcément.

Cette incapacité à mobiliser un public s'explique aussi par l'achat de vues sur les plateformes en ligne. Pour quelques dizaines d'euros, de nombreux sites proposent en effet de vous vendre des milliers de vues sur YouTube par exemple, ou des *followers* sur les réseaux sociaux, afin de tenter d'accroître votre popularité.

Les écoutes en streaming peuvent aussi être achetées. Que l'on soit clair, ce nouveau commerce ne concerne pas uniquement le monde du rap. Il est généralisé et vise bien des secteurs. Des sportifs, politiciens, candidats de téléréalité ou artistes en tout genre ont recours à ces sociétés leur proposant, moyennant une somme accessible, d'augmenter fictivement leur popularité dans le monde numérique. Montrer sa force 2.0 est dorénavant un objectif en soi poursuivi par la plupart des milieux. Il est ainsi possible de « faire carrière » en peu de temps en achetant de faux soutiens. La culture du buzz, avec l'explosion des réseaux sociaux, a dévoré les individus. Le problème n'est pas que le rap n'est plus conscient – faire du divertissement n'est pas un problème en soi, cela a toujours eu lieu. Le souci, c'est qu'aujourd'hui la tendance est à la production d'un rap « inconscient ». La fameuse série *Caïd* sur Netflix illustre en partie ce milieu qui court après le trash pour vendre. De nos jours, ce qui fonctionne dans le rap, c'est la noirceur. Pas surprenant que le groupe 13 Block ait sorti en 2019 une chanson intitulée « Fuck le 17 », qui a rencontré un vif succès. Dans les paroles, on trouvait des phrases anti-flics comme : « *J'rêve de plusieurs corps de policiers.* » Le clip de ce titre a été jugé décevant par leurs fans, trop édulcoré, aseptisé. La responsabilité de ce phénomène maintenant bien installé n'incombe pas seulement au rappeur. Le producteur, le diffuseur et les consommateurs à la fin de la chaîne jouent un rôle non négligeable dans ce nouveau sensationnalisme. Mais trop souvent, ces rappeurs camouflent leur part de responsabilité derrière la liberté d'expression. Booba et JoeyStarr, que j'ai rencontrés – pour le second en faisant la première partie de NTM –, ont tout compris. Ils sont devenus des acteurs vendant une vie en partie fictive et des clichés. Booba, par exemple, est l'un des rappeurs les plus gentils que j'aie pu rencontrer. Pourtant, on m'avait mis en garde, conseillé de me méfier. J'ai découvert un artiste sensible, attentif à ceux qui gravitent autour de lui. Leur intelligence se perçoit à travers l'analyse qu'ils font du marché. Ils notent ce qui fonctionne, offrent au public ce qui marche. Ils savent que cela apporte une forme d'adrénaline aux gamins qui écoutent leurs chansons.

Nous avons tous une responsabilité, chacun à notre niveau. Certains s'en fichent, d'autres expliquent qu'ils ne sont pas des parents, répétant qu'ils ne sont pas là pour éduquer. Les rappeurs aussi ont droit à la fiction, loin de moi l'idée de leur refuser ce style. En fait, la responsabilité des rappeurs s'arrête là où commence celle des parents. Voilà pourquoi aussi, en tant que père, lorsque je prépare un morceau, je me demande si je pourrais le faire écouter à mes enfants. J'ai constamment à l'esprit l'idée que mon fils ou ma fille écoutera le titre. Je sais bien que pour devenir soi, l'enfant imite ses parents. Quel que soit son âge, le jeune est influençable. Ayant grandi dans un univers familial instable, j'en sais quelque chose. Mon fils et ma fille vont construire leur identité en s'appuyant sur mes actions, mes propos, mon comportement... Les codes sociaux sont issus de l'éducation que je peux leur donner. Aux parents s'ajoute l'entourage, les proches. Avoir avec une arme à feu ou un motocross non homologuée, une femme nue à mes côtés dans les clips ne me met pas à l'aise. Ce n'est pas l'image que j'ai envie de renvoyer.

J'habite au onzième étage d'une cité populaire. Il est indispensable pour moi d'être ancré dans la réalité. Quand on voit la misère sociale, le manque d'éducation des gamins en cité, les rêves d'hyperconsommation, on peut se demander quel rôle jouent les rappeurs si populaires en France. Ma responsabilité est de parler de choses réelles et non de faire passer des fictions et leurs clichés pour la réalité. Il y a là une forme de perversité ; tous n'en ont pas conscience.

Le pouvoir politique du rap

Il fut un temps où les rappeurs avaient conscience de leur influence au sein des jeunes générations et essayaient d'en user à bon escient. Cette mission que certains se donnaient pouvait être perçue lorsque survenait un enjeu politique et, surtout, au moment des élections. Il n'était pas rare que de grands noms du rap utilisent leur position privilégiée pour sensibiliser la jeunesse au vote. On le sait, on nous le répète, le premier candidat des jeunes, c'est l'abstention. Si beaucoup de jeunes s'intéressent aux grands enjeux de l'époque, manifestent leurs engagements sur les réseaux sociaux par exemple, ils ont tendance à se désintéresser des grands rendez-vous politiques. En juin 2021, aux élections régionales, plus de huit jeunes sur dix n'ont pas fait le déplacement pour exprimer leur suffrage. En 2017, lors des législatives, un Français sur deux avait boudé les urnes, et 64 % des moins de trente-cinq ans n'avaient pas voté. Aux municipales de 2020, l'abstention chez les 18-34 ans s'élevait à 72 %. Quel que soit le type d'élection, le taux d'abstention chez les 18-25 ans est toujours supérieur à la moyenne de l'ensemble de la population, parfois de près de dix points.

Les raisons de l'abstention sont variées : défiance à l'égard des politiques, problèmes d'inscription sur les listes électorales, déménagement, désintérêt, manque d'information... Et plus le temps passe, plus les chiffres relatifs à ce silence politique apparaissent inquiétants. Conséquence : une question de légitimité démocratique se pose à l'égard de nos institutions.

Pendant des années, les rappeurs ont tenté de bâtir des ponts entre leur public et la politique pour favoriser l'expression, l'engagement. À l'époque où elle était sur le devant de la scène, la rappeuse Diam's incitait régulièrement les jeunes à voter. Ses textes ont toujours transpiré l'engagement. La rappeuse avait même glissé dans son album *Dans ma bulle* un encart appelant à aller voter aux élections de 2007 en rappelant les formalités administratives nécessaires pour s'acquitter de son devoir de citoyen. Le vote est présenté comme une option plus intelligente que la violence. Le slogan « 1 vote = 10 cocktails Molotov » est proposé aux jeunes, amateurs de rap. Marqué par le résultat de 2002 et l'arrivée du Front national au second tour de la présidentielle, le monde du rap était particulièrement mobilisé. Alibi Montana avait interpellé ses fans : « Si tu es un bonhomme, si tu as des couilles, tu t'inscris sur les listes. » Youssoupha, La Fouine ou encore Mac Tyer s'étaient également mobilisés. Pendant plusieurs années, la radio Skyrock a lancé des campagnes auprès des jeunes pour les pousser à s'inscrire sur les listes avant les grandes échéances électorales, à travers des messages de chanteurs de rap diffusés sur ses ondes et son site Internet. Ainsi, fin 2006, la radio démarrait sa campagne baptisée « Bouge ton vote ».

La relation entre le rap et la politique est complexe. Il est loin le temps du morceau « 11'30 contre les lois racistes », en 1997, qui dénonçaient certaines lois... Appeler à aller voter est moins facile aujourd'hui qu'hier, et le militantisme au sein d'un parti peut coûter cher. Cette prise de risque existe aussi dans d'autres secteurs de la culture mais dans le rap, l'addition peut être très salée. Ainsi, en 2007 à Genève, en Suisse, Doc Gynéco a été contraint d'interrompre son concert à cause de son ralliement à l'UMP et son soutien à Nicolas Sarkozy. Sifflets, insultes – « Clown ! », « Sarko facho, Gynéco collabo ! » –, le public n'a pas été tendre, la sécurité a préféré arrêter le concert. Il est bien plus facile de s'engager contre que pour. Certains se souviennent peut-être du morceau « La lutte est en marche », en 2012 : un titre appelant à faire barrage contre l'extrême droite réunissant notamment Wallen, Sniper, Diam's, Le Rat Luciano, Abd al Malik ou encore Youssoupha.

Si l'on peut considérer que le combat pour la participation rassemble plus qu'il ne divise, dans les faits, les rappeurs s'expriment de moins en moins au fil des années. La raison première ? Ils ont peur pour leurs ventes, ils craignent de s'éloigner de l'image qui est supposée plaire à leur public. Youssoupha est l'un des rares rappeurs à être constant sur ces questions en essayant de mobiliser ceux qui le suivent. À cela s'ajoute un certain désintérêt des artistes pour la vie politique. Certains affirment même dans leurs morceaux que le vote est inutile, que tous les politiques se valent.

Sensibiliser en 2022 au rôle des citoyens n'est donc plus à la mode dans le « *rap game* ». On fabrique une jeunesse peu éclairée et inconsciente préférant consommer plutôt que voter. Bien entendu, les premiers responsables demeurent les parents, mais le rap participe de ce nivellement par le bas. À croire que le rap conscient ne paie pas.

« Dans la brume »

[Couplet]

Ne cherche pas de sens à mes mots
Trouve plutôt celui de ta vie
Deviens quelqu'un, taffe et bosse dur
Deviens un héros pour ta fille
Deviens un mari pour ta femme
Deviens une bougie pour ta flamme
Deviens celui qui vise les cieux et dans l'effort jamais n'se calme
Deviens celui qui pète les limites
Celui que les gosses imitent
Celui qui f'ra la différence quand l'cas deviendra critique
Sauras-tu garder ton sang-froid, dis-moi, tu resteras droit ?
Ou à la vue d'la première merde tu partiras loin d'moi
Alors deviens celui qui serre les dents persévérant sur tous les plans
Parmi les grands devient l'unique le seul, le vrai reste authentique
Sois la flèche et pas la proie
À la dèche t'as pas le droit d'baisser les bras
Ne fais pas le signe de la croix
Les vrais héros sont ceux qui évoluent dans l'ombre
La lumière n'éclaire que l'mal et la haine est noyée dans l'cœur de l'homme
Fais comme moi, pas à pas,
Avance droit, ne les écoute pas
Face aux requins fais preuve d'intelligence pour ne pas être la proie, frérot

[Couplet]

Tu parles mal à ta mère
Mais t'appelles tes potes « la famille »
Avec eux tu fais l'fier, mais y'a personne quand tu cries famine
Dissocier l'bien du mal pour toi est devenu complexe
Si la vie n'était qu'un disque, j'veux être celui derrière les platines
J'veux pas faire bouger les têtes, mais les faire cogiter
Obligé, j'garderais mon sang-froid face à tes fausses idées
Je ne leur donnerai pas le bâton pour me faire battre
J'en ferai un arc et j'viendrai tirer sur celui qui touche mon art
Mes détracteurs me trouvent trop pacifique
Pas si triste quand j'ouvre mon cœur, pourquoi tu pars si vite
Tu comprends rien à mon monde, alors t'inventes ma vie
Mes yeux sont posés sur mon môme pendant qu'tu rêves ta vie
Si tu vois pas la différence, c'est normal t'es dans l'noir
Regarde, j'vais t'aider, j'vais transformer ma rime en miroir
Maintenant, dis-moi si tu te trouves parfait
T'es-tu déjà remis en question quand pour toi tout merdait ?
Penses-tu vraiment qu'dans la vie les choses viennent d'elles-mêmes ?
Assurément tu fonces dans l'mur, rien dans l'intestin grêle
J'ai connu ça, mais j'ai dû ramer pour m'en sortir
La rue m'a charmé avec des pièges plus que sordides
Est-ce la peur ou la conscience qui a sauvé la mise ?
Aujourd'hui je suis père et sache qu'c'est lui qui m'a sauvé la vie
Il m'a ouvert les yeux, ma femme a activé mon cœur
Papa est une machine à rimes
Chérie, j'arrive dans quelques heures...

Chapitre 10

Le faux débat du cannabis

Dans le monde du rap, le cannabis occupe une place prépondérante. Que ce soit à travers les textes ou les clips, la marijuana est très souvent mise en avant – par provocation, pour jouer les mauvais garçons… D'ailleurs, ces dernières années, plusieurs grands rappeurs américains tels que Jay-Z, Drake et Snoop Dogg, se sont lancés dans la création de leur propre marque de cannabis. L'image du rappeur est devenue quasiment indissociable de celle du consommateur de drogue.

Comment les joints ont détruit mes poumons

Pendant plusieurs années, j'ai été un consommateur, et pas des moindres, de marijuana. En 2009, à la mort de ma mère, je ne sortais plus de chez moi. Je passais mon temps à fumer ce que l'on présente comme une drogue douce, et à écrire. Mon premier geste au réveil était d'allumer un joint. Le cannabis n'était pas tant une manière de trouver l'inspiration comme peuvent l'expliquer certains artistes, qu'un moyen de m'anesthésier. Je m'échappais, je fuyais une réalité qui m'était insoutenable. En fait, sans m'en rendre compte, je vivais un véritable passage dépressif. Mes amis pensaient m'aider en me laissant consommer de la sorte. C'était une erreur.

Il y a trois ans, une mauvaise nouvelle est tombée. On m'apprend que je souffre d'emphysème. Cette maladie se caractérise par une destruction du tissu pulmonaire ainsi que par la dilatation irréversible des poumons. Mon quotidien était devenu difficile. La nuit, je me réveillais à cause de problèmes respiratoires. Les médecins évoquent alors une possible greffe des poumons. Je m'effondre, je pleure en pensant à mes enfants. C'est à ce moment-là que je prends la décision qui s'impose : arrêter définitivement de fumer, cigarette comme joint. Je n'ai jamais fumé à nouveau. Désormais, il me faut prendre un traitement médicamenteux à vie. Les origines de cet emphysème sont claires pour moi : il est dû aux nombreux joints consommés durant des années. En effet, cette maladie est considérée comme la maladie des fumeurs... Je dors en permanence avec une machine, et il me faut prendre des produits pour pouvoir respirer correctement avant les concerts... Il serait égoïste de ma part de promouvoir la légalisation. Difficile aujourd'hui d'entendre que la marijuana est une drogue douce et qu'il est nécessaire de la légaliser dans l'Hexagone.

Légaliser une drogue ?

Pourtant, en France, la question de la légalisation fait partie des marronniers, ces sujets qui reviennent régulièrement dans les médias, généralement appuyés par des politiques. Malgré la répression, la France est le premier pays en Europe en matière de consommation de cannabis. On estime à 900 000 le nombre de consommateurs quotidiens dans notre pays. Et 5 millions d'usagers annuels. En mai 2021, un rapport parlementaire précisait le budget annuel alloué à la lutte antidrogue. Celui-ci a pratiquement doublé entre 2012 et 2018 jusqu'à atteindre 1,08 milliard d'euros. En dépit des sommes investies contre le trafic de stupéfiants et notamment de cannabis en France, l'usage ne cesse d'augmenter. Des grandes villes aux campagnes, aucun territoire n'échappe à cette drogue. Régulièrement, l'État se félicite des saisies record, tout en sachant qu'il s'agit d'une goutte d'eau dans l'océan du trafic.

La perspective de la légalisation est le reflet d'une lutte qui n'a pas fonctionné, d'un combat perdu. Vouloir rendre légal l'usage du cannabis illustre les failles du système. Il est en plus illusoire de penser que cela sera efficace. L'État se servira par le biais de taxes, et les produits proposés auront des taux de THC bien plus faibles que le cannabis vendu au marché au noir. Il faut savoir que ce taux de THC est en progression constante. Selon l'Observatoire français des drogues et des toxicomanies, en vingt ans, le taux de concentration de THC a été multiplié par quatre pour la résine de cannabis et par deux pour l'herbe.

Les consommateurs resteront avec leur dealer habituel. Quel succès espère-t-on rencontrer lorsqu'on vend de la bière sans alcool ? Ne nous leurrons pas, l'objectif poursuivi chez bien des consommateurs est celui de la défonce. Il faut comprendre que les dealers ont toujours un train d'avance. Légaliser n'améliorera pas la situation. Au contraire, ce sera avant tout une défaite sanitaire. Sans parler des répercussions sur la scolarité des jeunes, leur construction, leur socialisation…

Comme plus de 90 % des Français, je suis favorable à l'usage thérapeutique du cannabis. Lorsque des raisons médicales l'imposent, encadrée par des professionnels, l'utilisation du cannabis médicinal peut être une bonne chose. Mais la consommation récréative comme on la connaît aujourd'hui est un véritable enjeu sanitaire et sécuritaire.

Dans certains territoires, on compte plus de points de vente que de pharmacies. Les politiques maintiennent ce statu quo pensant acheter ainsi une paix sociale… Il faut dire que ces réseaux sont structurés, hiérarchisés. Les émeutes et les violences dérangent le travail des dealers. Cette économie souterraine génère de l'argent, faisant vivre ainsi énormément de familles. Ce sont aussi des gens qui consomment car l'argent circule : vêtements, restaurants… Les gains sont réinjectés dans l'économie. Mais cette pacification n'est qu'une apparence.

Aujourd'hui, pour des affaires de territoires, on s'entretue à Marseille à la kalachnikov, on calcine des corps en incendiant des voitures pour ralentir l'identification des victimes – une pratique appelée « barbecue » en langage criminel. Des gamins de treize ou quatorze ans perdent la vie dans ces règlements de compte liés à la drogue. Les morts deviennent des chiffres, une réalité à laquelle beaucoup semblent désensibiliser. À Marseille, il y a plus de points de deal que de pharmacies. Dans ce contexte, il est nécessaire de s'interroger sur la stratégie de la France depuis vingt ans pour lutter face à ces réseaux.

La vente de cannabis représenterait chaque année 1,2 milliard d'euros dans notre pays. Pour faire face à ces trafics, les gouvernements ne cessent de miser sur le volet répressif. On parle toujours de prison et d'amende. Pénaliser comme seule et unique réponse, et ce malgré l'absence flagrante d'efficacité. On semble oublier que la lutte contre ce phénomène peut prendre un autre aspect, celui de la prévention. Il s'agit alors d'expliquer quels sont les enjeux en matière de santé, les conséquences médicales, le risque d'un traitement à vie par exemple... Pourquoi faire l'impasse sur l'éducation et la prévention et ne miser que sur la sanction ? Le volet répressif et le volet préventif sont complémentaires : l'un n'empêche pas l'autre, ils sont même indispensables.

Cependant, rien de cela ne sera efficace sans une lutte sérieuse contre les réseaux internationaux. Les gouvernements successifs connaissent très bien les chemins pris par les narcotrafiquants. Ainsi, la route du cannabis passe d'abord par le Maroc essentiellement. Une coopération plus accrue avec les gouvernements marocain et espagnol par exemple me semble indispensable. Il faut prendre le problème à la racine, travailler main dans la main avec les pays d'exportation, plutôt que mettre 200 euros d'amende à un acheteur consommateur – ce qui n'a aucun réel effet. Voilà à quoi doit ressembler le coup de pied dans la fourmilière.

La consommation de cannabis en France pose aussi la question du rapport au corps dans notre société. L'aimer et le protéger, attacher une importance à sa santé passe par l'éducation.

Ces chiffres relatifs à l'usage, si élevés dans notre pays, interrogent sur l'état de notre jeunesse notamment. Un malaise sociétal se perçoit, et il est impératif de se pencher sur l'origine de ce mal. Autrement dit, pourquoi cette recherche de défonce ? Que fuit cette population qui veut s'évader quitte à payer à la fin une lourde addition ? J'ai ici bien plus de questions que de réponses, hélas.

Chapitre 11

Les clichés du rap : communautarisme, machisme, homophobie…

De la casquette aux baskets

Les clichés font la mode. L'influence des codes des rappeurs dans la société française – et, déjà avant, nord-américaine – n'a fait que croître. Les clichés du rap se retrouvent dans la mode vestimentaire par exemple. Le style urbain a imprégné toutes les classes sociales, tous les milieux. Mode et rap se fondent. Dès le début des années 1990, le survêtement intégral s'impose au sein de la jeunesse des banlieues, avec la sacoche comme accessoire. Les marques de luxe proposent leur propre version. La mode est à l'extra-large. Très vite aux États-Unis le hip-hop génère des millions de dollars. Les artistes privilégient costumes et chapeau, exhibent leur richesse : bijoux, diamants et marques sont mis en avant. Petit à petit, le style vestimentaire de la culture « skate » imprègne le monde de la mode et le rap avec les bonnets et les tee-shirts larges.

Mais la volonté de paraître est plus forte, le bling-bling reprend ses droits. Depuis une dizaine d'années, le mariage a eu lieu entre l'univers du luxe et les rappeurs qui cherchent l'objet unique et inaccessible, l'exposent sur les réseaux sociaux. Ils sont les ambassadeurs du luxe, lancent les tendances sur Instagram. Ils sont les enfants du capitalisme. Les collaborations se multiplient. En 2018, la marque Puma proposait aux rappeurs Alonzo et MHD un partenariat dans le cadre du lancement d'une nouvelle paire de baskets. Les marques s'associent à ces personnalités pour le meilleur, mais aussi le pire. Dans certains de ces clips drogue, violence, motocross sans casque dans les rues des cités... Je parle ici du rappeur français Moha La Squale. En 2018, on apprend que la marque Lacoste lui signe une collaboration vestimentaire. Je suis tombé de dix étages. Comment une marque aussi prestigieuse pouvait s'associer à un individu avec une telle image ? Deux ans après, Moha La Squale était accusé par cinq femmes de violence, agression sexuelle et séquestration déclenchant l'ouverture d'une enquête par le parquet de Paris. Lacoste a attendu que des accusations sévères soient portées à l'endroit de ce rappeur pour comprendre que le choix de com' n'était pas le bon...

Même de grandes marques se mettent à genoux devant ces individus. Quelle image envoie-t-on à la jeunesse ? Pourquoi mettre ces rappeurs sous le feu des projecteurs ? Le « *bad buzz* » fonctionne bien plus que le discours pacifique. C'est l'argent du Diable.

Pour certains, ce que l'on appelle des « clichés » sont devenus une réalité, ils vivent dedans : dans un monde, des cités, où la drogue et les armes sont monnaie courante, où la violence est banalisée et même récompensée – sauf lorsque les politiques nationaux, les ministres sont en visite dans ces quartiers. À ce moment-là, on fait un ménage rapide afin que la visite se passe pour le mieux. Quelques heures après, le quotidien a repris ses droits. La respiration pour les habitants était de courte durée.

Le communautarisme

Le communautarisme fait partie des clichés de cet univers musical, il s'exprime sans complexe dans le rap. Être fier de ses origines n'est pas un problème. Renier d'où l'on vient n'apporte jamais rien de bon. Je ne l'ai jamais caché, être français est un honneur pour moi tout en ayant des origines algériennes. Mettre le drapeau français en avant est très rare dans le rap. On me fait parfois cette réflexion : « Tu t'appelles Karim, alors pourquoi tu affiches le drapeau français ? » Cela surprend et même choque. Certains voient une contradiction dans un mouvement qui me paraît naturel, cohérent, logique. Comme si un prénom maghrébin et l'amour du drapeau français étaient, telles l'huile et l'eau, impossibles à marier. La dernière scène du clip *Allons enfants de la Patrie*, tournée à Paris, est une fierté : je tenais à afficher les couleurs bleu, blanc, rouge. On m'a reproché de ne pas avoir levé le drapeau algérien à cette occasion.

N'ayons pas peur des mots, le monde du rap est un des milieux les moins tolérants sur la scène musicale. Il est très violent, peu compréhensif à l'égard de la différence.

Le goût des armes

À Nice, l'été 2012, le clip du collectif de rap Negresco mettait le feu aux poudres en raison des images diffusées. En effet, ce groupe qui rassemble des jeunes issus du quartier difficile de l'Ariane au nord-est de Nice y avait tourné le clip du titre « Ariane ». On y voit des hommes masqués tirer en l'air avec un fusil à pompe, une kalachnikov, ainsi que des jeunes en train de faire du rodéo sur leurs deux-roues. Une enquête pour détention, usage et transport d'armes de quatrième catégorie avait été confiée à la police judiciaire de Nice afin de déterminer si les armes étaient réelles ou non. À en croire les rappeurs du collectif, ces armes étaient factices. Pas de quoi convaincre les enquêteurs, qui ont conclu que les armes étaient bien réelles. Quelques mois après, deux figurants ont été interpellés et mis en examen. Les policiers avaient retrouvé une douille correspondant au calibre de la kalachnikov sur le lieu de tournage. Lors de perquisitions, ils ont aussi retrouvé un pistolet automatique de septième catégorie tirant des cartouches de gaz – réplique d'un Glock autrichien – vendu dans beaucoup d'armureries. Le leader du groupe n'était pas un inconnu des services de police. Il avait été interpellé dans son quartier en flagrant délit de trafic de stupéfiants avant d'être placé en détention provisoire.

En décembre 2012 le tribunal correctionnel de Nice l'avait condamné à six mois de prison ferme. Ce ne sont pas seulement les images d'armes et de rodéos urbains qui ont choqué. Dans le clip, des jeunes déploient sur la façade de l'église de leur quartier un immense drapeau algérien – et ce n'était pas pour rendre un quelconque hommage aux chrétiens d'Orient... Un acte « anti-Français » selon certains. Mais pour bien des jeunes, un tel clip, « c'est lourd ! » Dans les faits, ce type d'images fait naître la crainte, provoque la montée des extrêmes, crée de la division. Cette recherche de la provocation ne produit rien de bon pour la société. Seuls les marchands de peur y trouvent leur compte.

Imaginez une scène similaire, mais cette fois-ci, mettant en scène un jeune sur une mosquée avec un drapeau français. Il aurait risqué sa vie, se serait retrouvé menacé de mort, peut-être placé sous protection policière, et des associations hurleraient au scandale, au racisme, à « l'extrême droitisation » des idées... L'indignation ne doit pas être à géométrie variable.

La religion

Sans forcément s'en apercevoir, ces rappeurs viennent valider le discours de certains politiques sur le communautarisme. Les politiques dénonçant les dérives des adeptes du communautarisme ou les religieux prosélytes au nom du vivre-ensemble trouvent un écho favorable chez bon nombre de Français. Ces derniers sont attachés à la République, à la laïcité et à l'universalisme. Ce sont ces mêmes rappeurs tenant des positions communautaristes, anti-France, qui vont crier au racisme et se dire victimes du discours des politiques face aux critiques. L'islam est très présent dans le monde du rap. Akhenaton, Kery James, Médine, (Maître) Gims… ils sont tous musulmans pratiquants revendiqués. Leur foi apparaît dans certains de leurs textes de manière plus ou moins subtile. Si bien qu'en janvier 2022, l'un d'entre eux, Gims, a suscité la polémique dans une vidéo. Il a demandé à ses « frères » musulmans de ne pas envoyer leurs vœux de bonne année : « Les *muslims*, on a la même conviction, arrêtez avec cela, disait-il. Les frères, ne faites pas ça. C'est un pas de plus vers la mort. Non les gars, ça ne fait pas partie de nos convictions. Venez, on se concentre sur nos trucs à nous. Restons forts sur nos valeurs. » Le rappeur a continué sur ses prescriptions religieuses relatives à la période de Noël : « Quand je vois des grands sapins chez des Mustafa, des Bakari, je vois qu'on n'est pas concentré à la maison là-bas. » Ses positions jugées radicales n'ont pas été au goût de tout le monde… Ses détracteurs lui ont rappelé, à juste titre, qu'il n'avait pas hésité pourtant à participer à l'émission « Les 12 coups de Noël » sur TF1…

L'islam demeure la première religion chez les rappeurs. On n'ose imaginer quelles seraient les réactions si l'un des artistes vedettes du milieu annonçait sa conversion au judaïsme…

L'homophobie

Au sein du rap, beaucoup de managers, de producteurs sont homosexuels. Pourtant, l'homophobie est très présente dans ce milieu. C'est un sujet tabou, qui rend agressifs des gens peu ouverts sur certains sujets touchant à la sexualité. L'homophobie en France n'a pas été vaincue. Régulièrement, des faits divers rappellent à quel point la situation est grave, notamment dans les quartiers. En décembre 2021, une agression homophobe dans l'Essonne était filmée par l'un des attaquants avant d'être diffusée : une dizaine d'individus en jogging, capuche et casquette a passé à tabac un jeune homme de dix-sept ans. La victime, d'origine marocaine et vivant en foyer, expliquera aux enquêteurs qu'il avait été agressé en raison de son homosexualité. Quand on sait que ces jeunes sont notre public, pourquoi tenir des propos homophobes ? Et qui va envoyer un message en disant qu'on doit respecter toutes les orientations comme les religions ? On ne le verra pas de sitôt dans le rap. Comme si musique urbaine et homosexualité étaient incompatibles. En juin 2010, au cours d'une interview donnée au magazine *International Hip-Hop*, le leader du groupe Sexion d'assaut déclarait au journaliste : « Pendant un temps, on a beaucoup attaqué les homosexuels parce qu'on est homophobes à 100 % et qu'on l'assume. Mais on s'est dit qu'il était mieux de ne plus trop en parler parce que ça pouvait nous porter préjudice. » Avant d'ajouter : « Il y a quand même des gays qui viennent nous voir ! On ne peut pas se permettre de dire ouvertement que, pour nous, le fait d'être homosexuel est une déviance intolérable. » Ces positions étaient perceptibles dans certains de leurs titres. Face à la polémique suscitée par de telles paroles, le groupe a présenté ses excuses.

En général, les rappeurs veulent entretenir l'image d'un homme dur dont la virilité s'exprimerait à travers une hétérosexualité revendiquée. D'ailleurs, certains, comme Eminem, n'ont pas toujours conscience de la portée des mots qu'ils utilisent. « Pédé », « tapette »… Le rappeur américain tentera de s'expliquer à de nombreuses reprises affirmant qu'il n'emploie pas ces mots comme une insulte homophobe. Petit à petit, qu'ils soient sincères ou intéressés, les rappeurs ont pris une distance avec les propos homophobes – du moins, en public. Aucun rappeur médiatisé n'est ou ne se dit homosexuel. Il diviserait la Terre en deux sous ses pieds. Certes, il serait soutenu par des associations, des médias, mais son public, en particulier dans les quartiers, le renierait. On imagine un buzz pendant quelques mois, les maisons de disques le signeraient très vite, et puis direction la poubelle. Le monde de la musique urbaine est bien trop intolérant pour accepter autre chose que l'hétérosexualité.

La vision de la femme

Bien des reproches sont formulés à l'endroit des rappeurs concernant leur vision des femmes. Force est de constater que les codes du porno ont investi le milieu depuis des années, comme ils ont investi celui de la pop. Importé des États-Unis, ce phénomène est issu du « *gangsta rap* ». Ce sous-genre du hip-hop ayant vu le jour dans les années 1980 sur la côte ouest est incarné par des artistes comme Dr. Dre, Tupac Shakur, Snoop Dogg, ou Ice-T. Elle met en avant une forme d'hyper-masculinité et célèbre la réussite financière avant tout. Les rappeurs se veulent « gangsters » : ils prônent dans leur musique et leurs clips le commerce de la drogue, s'affichent avec des femmes-objets, se rêvent proxénètes, détestent la police, règlent leurs comptes par la violence. Très tôt, les rappeurs français comme Booba ont été influencés par ce « *gangsta rap* » lors de leurs séjours aux États-Unis.

Ce rap macho défend une vision des femmes hypersexualisée, peu respectueuse. On pourrait la résumer en un sens avec ce slogan : « Toutes des putes sauf ma mère et ma sœur ! » En 2021, la Fondation des femmes publiait une inquiétante étude. Dans son rapport intitulé « Numérique : le sexisme en liberté » publié par France Info, l'association dénonçait « une hausse des contenus présentant une image dégradante et humiliante des femmes » sur YouTube. Cette conclusion est le fruit de l'étude des 200 vidéos les plus regardées en France en 2019 et 2020 sur la célèbre plateforme. Ainsi, 68 % des vidéos mettent en scène des personnages « éminemment stéréotypés », 35 % proposent un contenu avec une « image dégradante des femmes ». Par exemple, cela peut passer par un cadrage insistant sur la poitrine ou les fesses. Or, selon l'institut Médiamétrie, YouTube est la plateforme la plus consultée par les jeunes âgés de quinze à vingt-quatre ans, et la deuxième quelle que soit la tranche d'âge. Cette étude souligne que 74 % du contenu consommé sur YouTube en 2019 et 2020 se révèle être des clips musicaux. Les femmes sont souvent hypersexualisées, présentées comme des objets, quand elles ne sont pas victimes de violence.

Encore une fois, la clé de tout cela est la recherche du buzz. Ces travers font désormais partie du folklore accepté par la majeure partie du public. Mais comment ne pas être triste quand on connaît les combats des grandes femmes françaises pour l'égalité et le respect ? Ne faisons toutefois pas porter au rap tous les maux de notre société. Ne serait-ce que parce que ces dérives tendent à se généraliser. À chacun de balayer devant sa porte. J'ai grandi dans un environnement familial où, comme dans beaucoup de foyers français, les adultes cherchaient à préserver le regard des enfants. La candeur devait être protégée. C'est pourquoi, dans les années 1980-1990, celle que j'appelais ma tante – la fille de ma grand-mère adoptive – avait coutume de regarder les clips musicaux à la télévision avec moi tout en surveillant le contenu. Et lorsqu'un clip de Mylène Farmer apparaissait à l'écran ou que Guesch Patti se trémoussait sur sa chanson « Étienne », la main de ma tante venait se poser sur mes yeux – contenu interdit. C'était l'époque des clips musicaux chauds, chocs en France. De nos jours, les jeunes vont sur YouTube et ont accès à cette hypersexualisation généralisée. Dès sept ou huit ans, les gamins découvrent le rap et se construisent alors avec cette image misogyne de la femme. Dans ce contexte, comment veut-on que les premiers émois, les premières relations sexuelles se passent normalement ?

D'ailleurs, le rap féminin francophone peine à se faire une place, il est encore marginal. Qui peut aujourd'hui donner le nom de rappeuses en France ? Il y a certes eu Diam's jusqu'en 2012, et Keny Arkana – qui est revenue avec un album à l'été 2021 après une longue période d'absence –, il y a aujourd'hui la Belge Shay ou la Française Chilla. La tendance est même d'ajouter aux chanteuses de rap celles de R'n'B au moment de faire les comptes. Les hommes sont surreprésentés dans le « *rap game* » et les femmes peinent à se faire une place dans un milieu éminemment misogyne. Quand les rappeuses ne souhaitent pas épouser les codes traditionnels et céder aux sirènes de l'hypersexualisation, les portes deviennent encore plus compliquées à ouvrir pour elles. Encore en 2022, ces artistes sont bien trop effacées. Pourtant, le rap féminin francophone a bien des choses à proposer : une authenticité, un engagement, une autre vision des femmes, des textes particulièrement travaillés, une forte détermination... Ces femmes méritent davantage que les seconds rôles, les *featurings* – collaborations entre chanteurs. Pour que la France soit vraiment, après les États-Unis, la « deuxième terre du rap » comme certains aiment à le dire, il va falloir que le milieu accepte la présence de ces femmes et refuse cette marginalisation illégitime.

Les solutions contre l'essentialisation

Dans ce contexte, faire preuve d'optimisme relève de la folie. Les clichés sont solidement ancrés et rien ne semble pouvoir les fragiliser. En 1994, la loi Toubon relative à l'emploi de la langue française est votée et sera appliquée deux ans plus tard. Elle prévoit l'utilisation du français au travail, dans le secteur de la consommation, de la publicité, des médias, des services publics, ou encore de l'enseignement et de la recherche. Il ne s'agissait pas seulement d'obliger les entreprises à traduire les modes d'emploi des appareils électriques ou, pour les fabricants de médicaments, les notices. Cette loi exige un quota de chansons francophones en diffusion à la radio. Ne devrait-on pas donner vie à une loi établissant un quota de rap conscient, engagé reposant sur les valeurs françaises ? Soprano, par exemple, fait partie de ces rappeurs engagés qui font du bien à la société française.

Le rap est ce que l'on en fait. Évitons donc l'écueil de l'essentialisation. Dans le cadre de mon travail, en tant que chargé de prévention dans les collèges et lycées, je me sers de cette expression musicale comme vecteur, afin de faire de la sensibilisation au harcèlement – réel ou sur les réseaux sociaux. Il s'agit aussi de discuter avec les élèves des droits de l'enfant, des violences conjugales, de l'incivilité, des enjeux environnementaux... Dans ces moments-là, je ne porte pas mon éternelle casquette Jordan, mais une tenue correcte. Quand je quitte la salle de classe, les enseignants qui n'étaient pas toujours convaincus au départ me remercient. Cela permet parfois de faire des signalements concernant des enfants en danger, de les orienter vers un psychologue... Tout ça grâce au rap. Cette musique me permet aujourd'hui de faire de la prévention, c'est devenu mon outil de travail.

Le morceau « #Projet18 » fait naître le débat en particulier dans les zones sensibles. Au début, les jeunes se présentent comme étant hostiles aux institutions et, sans surprise, surtout à la police. À la suite d'un débat, j'entends : « On comprend mieux. Quand est-ce que vous revenez pour qu'on discute ? » Il reste une appétence pour l'échange, la discussion, le débat civilisé chez certains jeunes aujourd'hui. Certains peuvent changer d'avis, accepter le doute, même sur un sujet aussi sensible que celui des forces de l'ordre. On le sait, l'image de la police dans le milieu du rap est peu reluisante. C'est un jeu : à celui qui aura la *punchline* la plus violente à l'endroit des flics. Plus on se moque d'eux, moins on les respecte, plus on répond aux codes du rap. C'est devenu une norme que peu d'artistes n'osent contester. Comme, d'ailleurs, montrer une arme ou de la drogue dans les clips musicaux. On est entré dans une surenchère : dans la mesure où beaucoup de choses ont déjà été dites, il s'agit donc d'aller toujours plus loin pour marquer les esprits. Quand j'ai pris position pour la police avec « #Projet18 », toutes les portes se sont refermées. La radio Skyrock par exemple m'a très rapidement tourné le dos. J'avais sollicité la station pour bénéficier d'une mise en lumière, quelle que soit la forme que cela allait prendre sur ce projet, tel qu'un soutien sur les réseaux sociaux – on ne demandait tout de même pas à passer dans la fameuse émission « Planète Rap » ! Le refus a été sec, définitif. Cela ne semblait pas correspondre à ce qu'ils voulaient représenter... Le message était positif. Qu'est-ce que cela aurait coûté ? Leur image ? Je respecte la position de ce média et de Laurent Bouneau, directeur général des programmes de la radio Skyrock. Mais je regrette la puissance des clichés négatifs entretenus par tous les acteurs.

« Votez 747 »

[Couplet]

Depuis tout petit je vois les politiciens guider ma vie pas à pas
Pêcheurs de voix électorales, j'leur dis d'entrer, j'serais pas l'appât
Regarde à gauche, regarde à droite, non je serai pas là-bas
J'fais partie d'ceux qui taffent sur le terrain, un peu comme Balavoine, je monte la voix
Tape des poings sur la table, comme ceux qui font les lois
Pointus sont mes discours, j'honore ma zone comme le faisaient les rois
Personne ne nous écoute, ce plan c'est entre toi et moi
Il va falloir se serrer les coudes courir avec une jambe en bois
Es-tu prêt ? Es-tu prêt à suer et à cracher tes poumons ?
Es-tu frais ? Changer les choses dans ce monde est une vraie compétition
L'espoir, c'est comme l'essence, mais les stations-service sont vides
Alors depuis on trace à pattes en s'limitant au centre-ville
Endurants car ça fait longtemps qu'on attend le changement
Dérangeants sont nos chants
Mais ils persistent avec des phrases alléchantes
Les vieux sont endormis et les jeunes tenus à l'écart
La politique est un jeu ou le boss est celui qui donne les cartes

[Refrain]

Pour l'insécurité chez toi taper 1, la haine taper 2, la pauvreté taper 3
Original est mon programme électoral, si tu veux le mettre en place tape le 7.4.7

[Couplet]

Ne vous fiez pas à l'âge, malgré le mien je reste si mature
J'irai au Père-Lachaise pour récolter les cinq cents signatures
La promotion sera assurée par le Net
Pour être connu sur la planète j'enchaîne les écoutes et les filatures
Ni véreux ni trop bon mais juste dans le milieu
J'les vois chercher dans mon enfance, car beaucoup d'entre eux sont curieux
Ils décrédibilisent mon image, vieux dossiers à l'appui
À voir l'affaire de DSK, on s'dit qu'le pouvoir fait la pluie
Le beau temps, le soleil, l'oseille et le respect
International est le complot quand il s'agit d'y rester
Nous les jeunes, de tout ça on s'en balance
On ne demande que du travail, un bon salaire et une nouvelle chance
Est-ce que la France d'aujourd'hui croit en sa jeunesse
Quand elle nous parle de violence c'est bien ton regard qui m'agresse
J'essaie de rester calme, mais les cas sont là et pas ailleurs
D'ailleurs quitte à créer un parti on le fera pour être représentés

[Refrain]

Pour l'insécurité chez toi, taper 1, la haine taper 2, la pauvreté taper 3
Original est mon programme électoral, si tu veux le mettre en place tape le 7.4.7.

Chapitre 12

Skyrock et la censure

Pendant des années, j'ai eu la même routine au réveil : faire mes exercices de musculation à la maison en écoutant Skyrock. Un rituel. Nous sommes au début de l'année 2012. Il est autour de 10 heures du matin, en pleine séance de sport, je prends conscience que Skyrock passe toujours les mêmes chansons en boucle. À croire que ces rappeurs étaient propriétaires de la radio. Agacé, ce jour-là, je réagis. Sur l'application de la radio, on peut envoyer en direct un message à l'animateur de l'émission. C'est ce que je fais, sans aucune hésitation : « Vous passez toujours les mêmes rappeurs. Si c'est ça Skyrock... » Sans signer. Cinq minutes plus tard, je reçois un appel : un numéro francilien que je ne connais pas s'affiche. Je ne décroche pas. Mais mon portable sonne à nouveau. Cette fois-ci, je réponds et j'entends Skyrock en fond. La personne qui m'appelle est le fameux Fred de Sky, animateur aussi de l'émission du soir « Planète Rap ». Hors antenne, alors qu'il a lancé un morceau, il me demande si l'on peut discuter. Je me lâche : je lui redis qu'on entend toujours la même chose, que je trouve ça injuste pour les autres artistes français et qu'en plus, le niveau de ce qu'il passe est faible. Je m'apprête à raccrocher, mais il me dit : « Attends, j'ai calé quatre sons là pour parler avec toi, là ! »

On parle de rap conscient, engagé, comme IAM, j'évoque ma déception de n'entendre que des morceaux commerciaux, de la musique pour « s'ambiancer »… À ce moment-là, Fred ne connaît pas ma véritable identité, il ne sait pas que je suis Kaotik. Très à l'écoute de ce que je lui confie, il finit par me demander ce qu'il doit faire pour que je change d'avis sur sa station. Sans savoir ce qui me prend, je réponds avec assurance : « J'ai un pote rappeur. Ce qu'il fait c'est conscient et dans l'air du temps. » Il ne dissimule pas son intérêt, bien au contraire : « Je te donne mon courriel perso. Que ton pote m'envoie sa maquette et si j'apprécie, je le passe à l'antenne. »

Immédiatement, je raconte aux copains du quartier cette anecdote et personne ne me croit. On se moque de moi. J'envoie alors le titre « Votez 747 » à Fred de Sky – le programme électoral en musique que j'aurais aimé défendre.

Je reçois un message : « Ton pote rappeur ce qu'il fait, c'est vraiment cool. Ce soir je le passe sur Skyrock. » Bien que sans label et sans soutien de poids extérieur, mon titre se retrouve diffusé dans « Planète Rap ». Fred annonce le titre à l'antenne en précisant : « Dédicace à Karim », sans savoir que Karim et Kaotik sont la même personne ! Les amis se rendent alors compte que je n'avais pas menti.

Fred est séduit, il m'appelle le lendemain en me demandant si mon « ami » Kaotik a d'autres titres à proposer pour les diffuser. Le contact est établi.

Quelques mois après, j'envoie un message à Fred en lui disant que je dois me rendre à Paris pour présenter des morceaux à des maisons de disques. L'animateur me propose de passer le voir si je le souhaite. Cette rencontre reste un très bon souvenir pour moi. On reste en contact pendant des années. En 2015-2016, je sors un clip pour le titre intitulé « Anti Jul » : un son qui se veut « anti-rap inconscient », « anti-rap simpliste ». J'annonce dans cette chanson que le rap est mort, en ajoutant : « Authentique je suis trop vrai pour ta radio/Le rap, mon terrain vague, il n'a rien d'un Eldorado », sans citer Skyrock. Je ne le sais pas encore, mais ce titre annonce le début de la fin avec la station. En effet, les paroles ne lui plaisent pas. Fred le prend mal. Il est déçu, il a l'impression que je lui crache dessus alors qu'il m'a soutenu quand il l'a pu. Les relations se tendent, elles deviennent plus compliquées. C'est en décembre 2019 que je reviens vers lui et Laurent Bouneau, directeur général des programmes, avec la chanson « #Projet18 » en laquelle je crois énormément. Elle me paraît pouvoir devenir un outil de médiation. Je leur présente le clip qui va sortir – encore en montage à l'époque – et leur raconte la genèse du titre. Quelques minutes après mon message, je reçois un refus au motif que cela « ne respecte pas la ligne éditoriale » de la radio. Je réponds qu'ils ne peuvent pas prendre position avant d'avoir vu le clip, prendre le temps d'étudier cette proposition. Je ne veux pas passer forcément sur les ondes, je souhaite juste un soutien. Il m'est refusé. La radio estime que si je dispose de ma propre liberté d'entreprendre, ils ont leur liberté de programmer. C'est l'incompréhension pour moi. Je n'admets pas qu'on puisse diffuser tous les jours des rappeurs appelant à « niquer la police », crachant sur la France, et qu'on n'accorde aucun intérêt à une chanson de rap rendant hommage aux fonctionnaires qui protègent les Français. La fracture a été forte. Je conclus mon message avec les mots suivants : « Je vous l'ai dit, je ne veux pas devenir une star dans le rap, mais je veux me battre pour toutes ces causes et généralement, je ne lâche jamais… Je serai sur des grandes radios et télévisions bientôt, nous en parlerons… »

Je ne nie pas m'être emporté, mais de mon point de vue, ma réaction était légitime. Pour moi, il y a urgence. Il faut se remettre dans le contexte de l'époque. Entre 2018 et 2019, la situation sécuritaire en France était particulière, les forces de l'ordre traversaient une période très compliquée. Il y a eu l'attentat du centre pénitentiaire de Vendin-le-Vieil (Pas-de-Calais) en janvier 2018 où trois surveillants ont été poignardés par un détenu affilié à Al-Qaïda, et deux mois plus tard la série d'attaques dans l'Aude revendiquée par l'État islamique avec un bilan de cinq morts – dont le lieutenant-colonel Arnaud Beltrame qui a donné sa vie pour sauver l'une des caissières du magasin menacée par le terroriste et 15 blessés. Sans parler de l'attaque au couteau à

Paris revendiquée encore par l'État islamique qui a coûté la vie à une personne et fait quatre blessés, dont deux graves. Et comment oublier la fusillade sur le mythique marché de Noël de Strasbourg perpétrée par un homme affilié à l'État islamique tuant 5 personnes et en blessant 11. Je ne ferai pas la liste des attentats en 2019, ce serait bien trop long. Les Français gardent en mémoire notamment l'attaque au couteau faisant quatre morts parmi les fonctionnaires de police à la préfecture de police de Paris. C'était l'époque où beaucoup tenaient à rendre hommage aux forces de l'ordre. On avait pleinement confiance dans le rôle qu'ils jouaient pour nous protéger, jusqu'à en perdre la vie.

Brut et sincère, j'ai donc réagi – sans violence bien entendu – de manière forte à la position de Skyrock. Je n'en tire aucune fierté… C'est l'émotion et non la raison qui a alors dicté mes actes, et qui m'a conduit à publier les échanges avec Laurent Bouneau sur les réseaux sociaux. Et sans surprise, celui-ci n'a pas apprécié. On a défendu bec et ongles nos positions respectives. Puis j'interviens sur CNews, chez Pascal Praud. Je suis invité en tant que rappeur prenant position contre les violences policières. On en vient à parler de Skyrock. Je raconte cet épisode significatif selon moi : le rôle des forces de l'ordre en cette période d'attentats à Nice, à Paris, l'outil que peut devenir « #Projet18 », le refus de Skyrock de m'accompagner au motif que ce titre ne respecte pas la ligne de la station… À la fin de l'émission, je décide de me tourner vers la caméra pour m'adresser à Laurent Bouneau : « Salut, je te l'ai promis, je suis là et je vais continuer le combat ! » Une manière d'acter le divorce entre la première station de rap française et moi. « Une musique n'est pas faite pour cent personnes, mais pour des millions », disait Le Rat Luciano, membre du groupe Fonky Family. Cette citation résume bien la séquence. Pourquoi le responsable d'une radio comme Skyrock reste-t-il sur sa ligne marketing, quelle que soit l'actualité, la situation que nous vivons tous ? Quitte à ne pas faire plaisir à cent personnes, il y avait un intérêt pour des millions d'individus. Voilà, selon moi, ce qu'aurait dû faire Laurent Bouneau. Encore une fois, j'aurais aimé que les choses se passent différemment, mais l'histoire est celle-là. Cependant, rien n'est définitif, je reste ouvert au dialogue. J'ai de la déception, mais pas de rancœur, et encore moins de haine à l'égard des responsables de la radio.

Un autre rap est-il possible ?

Les difficultés du discours alternatif que je porte se sont manifestées violemment. Parce que j'ai pris position en faveur du drapeau français et des institutions françaises, beaucoup de portes se sont fermées. Cet engagement a été perçu comme une provocation dans un monde bien moins tolérant qu'il ne le dit. Refuser les clichés a un prix. Les médias dits « jeunes », les radios de rap, les festivals se montrent frileux, refusent toute collaboration, exposition. Je sais bien qu'il y a parfois l'influence de certains politiques.

Comme je l'ai déjà dit, on me fait payer le fait d'afficher le drapeau français plutôt qu'algérien. Je l'ai compris avec « #Projet18 ». La période était particulièrement compliquée pour moi, sur tous les plans. Rien ne m'a été épargné. À ce moment-là, mon couple battait de l'aile, les enfants étaient petits et il fallait leur épargner la douleur d'une séparation mal gérée avec leur mère. L'ampleur que « #Projet18 » a prise n'a pas eu que des effets positifs. Les menaces de mort, les insultes ne semblaient plus s'arrêter. Même mes enfants étaient visés sur les réseaux sociaux. Les pressions ne faiblissaient pas et j'ai cru voir ma carrière de rappeur mourir, et ce, après toutes ces années de lutte pour me faire une place. Un sentiment d'injustice et d'incompréhension m'a envahi. Je ne suis pas naïf, je connais le monde du rap et ses règles tacites, il était normal que ce titre ne fasse pas l'unanimité. Quand on fait une chanson, on sait qu'elle ne nous appartient plus dès lors qu'on la sort. On ne maîtrise pas les réactions qu'elle entraînera, elle est entre les mains du public. Mais cette situation me paraissait disproportionnée. Cette haine ne me semblait pas méritée ; j'avais l'impression d'être bienveillant, de ne pas avoir mal agi. Les responsabilités que je prenais en tant qu'artiste suscitaient des réactions démesurées. Mon crime ? Avoir l'image d'un artiste au « rap propre ». On nourrit les jeunes avec un seul type de rap, et malheur à celui qui voudrait proposer un discours alternatif positif. Revenir sur mes combats, abandonner ma liberté au profit des positions communément admises dans le milieu, n'a jamais été une option. Jamais séduit par les contrats de maisons de disques que l'on m'a proposés, j'ai toujours évolué chez les indépendants. Et le premier avantage est celui de la liberté dont je peux jouir.

Dans le même temps, je recevais aussi de nombreux messages positifs – venant de policiers, de pompiers, de soignants, mais pas seulement. Des citoyens d'origines sociales, culturelles diverses, de tout âge, m'ont écrit pour manifester leur soutien. Des gens qui ont compris le message, l'appel à la réflexion incarné par « #Projet18 », et qui ne se sont pas sentis agressés par les notions de respect et de patriotisme. Des gens qui se sentaient représentés, compris, moins seuls aussi. Être spectateur d'une France qui va mal est pénible et beaucoup en souffrent aujourd'hui, se sentant impuissants, isolés. Cela explique aussi la vague de bienveillance sur les réseaux sociaux ou dans la rue. Je dois reconnaître que ces messages de solidarité m'ont été d'une grande aide dans cette tempête. En réalité, ils étaient plus importants que les partisans de la haine. J'ai déçu cent personnes certainement, mais pas des millions.

« Bouge de là »

Représenter le pays
Soulever le drapeau dans le vent
Amis ou ennemis m'animent
Compétiteur, j'ai ça dans le sang
T'as de l'alcool dans les artères
T'as de la haine, moi j'n'ai pas le temps
J'suis ton idole, toi t'es par terre
J'n'ai pas de peine, du sang sur les dents
T'es pas content car je mets en avant l'uniforme que tu hais
T'es pas content car ta femme me follow *sur les réseaux, t'es trahi*
T'es pas content tu m'as vu à la télé, les plateaux à Paris
T'es pas content car tu n'as pas de vie, trop de vice, je te bannis
T'es pas content, je ne parle pas d'argent
T'es pas content car j'suis différent
T'es pas content quand je « checke » les agents de police en rappant, c'est incohérent
T'es pas content quand j'm'adresse aux p'tits frères
Quand je les pousse à aller à l'école
T'es pas content quand j'parle de tes affaires
J'les tire de ta filière pour choper leurs diplômes
T'es pas content quand tu me vois au Sénat
T'aimerais me faire taire avec du chatterton
Combat truqué tu es John Cena
T'aimerais me voir face au mur comme Ayrton
T'es pas content, tu boycottes, sur la pochette de mon prochain clip y a le président
T'es pas content, tu complotes à mon sujet
Kao est un sale arabe c'est évident
T'es pas content car j'm'appelle Karim
Athée et fier, pour toi j'suis mécréant

T'es pas content car je suis le rappeur représentant les flics donc le grand méchant
T'es pas content car je suis tolérant défendant dans mon clip les LGBT
J'suis pas content en voyant tous ces gens fous qui iront même jusqu'à se taper

[Refrain]

J'suis pas arrivé sur Terre avec l'objectif de te plaire
De mes mains, de mes vers, j'ai créé mon propre univers
J'irai jamais à terre avec l'objectif de te plaire
Content, pas content
Si j'te plais pas oui bouge de là
Bouge de là…
Si j'te plais pas oui bouge de là

[Couplet]

T'es pas content, tu me le fais savoir
grâce à des « comms » haineux sur mes réseaux
J'suis trop content, je te le fais savoir
Ta femme a « liké » sur tous mes réseaux
Tu vas faire quoi, dis-moi, tu vas dire quoi ?
Poser un « dislike » sur ma chaîne YouTube ?
Espèce de con il faudrait que tu saches que j'me fous de la gloire, de tes vues, de ta thune
T'es pas content car j'me sers de l'Auto-Tune et qu'mon rap est moderne
T'es pas content car les fils de policiers me prennent pour modèle
T'es pas content car mon rap n'a pas d'insultes, je reste fidèle
T'es pas content et t'attends ma chute
T'es pas content, pauvre fils de…

T'es pas content quand je parle sur mes réseaux
T'es pas content car j'mets les compteurs à zéro
T'es pas content car t'as capté la puissance, j'représente cette France qui reste dure comme le roseau
T'es pas content et t'as peur de mon visage
Je t'invite dans mon bolide et tu as peur du virage
T'es pas content, mais tu te noies dans le silence
Je suis content quand tu te noies dans le silence
T'es pas content de me voir réussir
Moi ça fait longtemps que j'en ai rêvé
Ma signature est sur le contrat
J'ai vu la tienne posée sur un PV
T'es pas content de me voir briller
Toi t'aimerais m'tuer comme ton joint dans le cendrier
Allez j'suis cool, je te file le cancer, à toi d'mourir au calme sans crier
T'es pas content car j'm'appelle Karim
Athée et fier, pour toi j'suis mécréant
T'es pas content car je suis le rappeur représentant les flics donc le grand méchant
T'es pas content car je suis tolérant défendant dans mon clip les LGBT
J'suis pas content en voyant tous ces gens fous qui iront même jusqu'à se taper

[Refrain]

J'suis pas arrivé sur Terre avec l'objectif de te plaire
De mes mains, de mes vers j'ai créé mon propre univers
J'irai jamais à terre avec l'objectif de te plaire
Content, pas content
Si j'te plais pas oui bouge de là
Bouge de là…
Si j'te plais pas oui bouge de là.

Chapitre 13

Un début de carrière…

Ces dernières années, des portes se sont fermées quand d'autres se sont ouvertes. Et notamment une porte pour des générations libres, ne cherchant pas à satisfaire les majors de l'industrie musicale, les grosses compagnies. En réalisant des projets me tenant à cœur – et au départ le succès était loin d'être garanti – l'espoir s'est renforcé. J'ai compris que ma véritable carrière commençait. Finalement, ce qui tue un homme, ce sont les regrets et je n'en ai pas. Je constate tous les jours qu'il y a une place pour la poésie moderne avec un message dans notre société, et un public répond présent.

Merci Internet

L'avantage des réseaux sociaux, c'est que tout le monde peut se faire une place. L'artiste peut ainsi rencontrer son public sans obstacle. Beaucoup de mes projets voient le jour grâce au culot. L'enthousiasme communicatif peut faire des merveilles. Lorsqu'on est artiste indépendant, le nerf de la guerre, c'est l'argent. Il s'agit d'en trouver pour pouvoir mener à bien ses projets. Écrire une chanson, chanter est une chose, réaliser le clip qui incarnera le titre en est une autre. Pour y arriver, j'ai misé sur les sponsors. L'objectif est de trouver des entreprises acceptant de jouer le jeu : moyennant une somme d'argent, elles apparaissent dans la vidéo qui sera vue des milliers de fois. Un système de publicité où tout le monde trouve son compte. J'ai donc commencé à démarcher des entreprises locales à Nice et dans ses environs. Je m'étais fixé un mois pour trouver tous les partenariats, soit environ quatre entreprises, et obtenir le budget nécessaire. Foncer et ne pas baisser les bras. Finalement, en moins de deux heures l'affaire était bouclée. Six entreprises, du BTP à la restauration, étaient prêtes à financer plusieurs clips. Le *deal* : le logo apparent à l'image et le nom de la société mentionné à la fin de la vidéo. Un sponsoring mettant en avant les entreprises locales. J'avais établi un budget de 3 000 euros par clip. Mais gêné, je n'ai demandé que 500 euros. Et, surprise, les réalisateurs des clips ont joué le jeu. Ils se sont montrés intéressés, expliquant que le discours les changeait de ce qu'ils avaient l'habitude de voir. La différence peut payer. Quant aux entreprises, elles étaient ravies de voir leur marque aux côtés d'un rappeur patriote portant un message positif. « Allons enfants de la Patrie », « Comète », « Deviens quelqu'un »... autant de clips qui ont vu le jour grâce à ce système de sponsor. L'argent n'est pas le seul obstacle, il s'agit parfois d'obtenir les autorisations indispensables pour filmer certains lieux. Pour le clip du titre « Comète », je rêvais de pouvoir tourner à l'Observatoire de Nice, cet incroyable bâtiment déposé au sommet du mont Gros. Au culot encore, je suis allé voir le directeur de l'observatoire pour lui demander l'autorisation de filmer. J'ai été le premier artiste à monter sur le dôme de la coupole. L'audace est un impératif quand on est le vilain petit canard dans son secteur.

Projets d'hier

Pour le clip de la chanson « Deviens quelqu'un », je me suis adressé au maire de Saint-André-de-la-Roche pour lui demander la possibilité d'installer un piano au cœur de la cité du Château et ai fait appel à un grand pianiste niçois. La débrouillardise s'impose : ce sont des internautes qui m'ont aidé à installer le piano ! Dans notre société dominée par le poids de l'image, la vidéo a quasiment autant d'importance que le texte de la chanson. J'y ai toujours attaché une importance particulière. Cela est perceptible dans le clip du titre « Allons enfants de la Patrie ». La vidéo, qui dure environ douze minutes, commence dans ma cité, dans la chambre de mon fils, avant de finir sur l'image du drapeau bleu, blanc, rouge soulevé devant la tour Eiffel. J'ai tenu à ce que participent dans ce clip des caissiers, des homosexuels affirmés, des Juifs, des catholiques... Pour résumer, il y a là toute la France.

Nous sommes en 2017, je suis au travail quand j'apprends par une collègue que le célèbre producteur Jean-Claude Camus dédicace son livre *Pas né pour ça* à la Fnac. Je décide de jouer la carte de l'aplomb, d'aller à sa rencontre avec deux idées : lui expliquer ma recherche de producteur et lui témoigner mon admiration. Je déjeune dans un fast-food, j'arrive à la Fnac avec mes Jordan aux pieds. Je m'installe discrètement au fond de la salle, sirotant mon Fanta, et j'observe Jean-Claude Camus, intimidé. « J'ai donné j'ai raccroché, je suis désolé, je ne veux pas vous faire perdre votre temps », explique-t-il à un jeune chanteur qui voulait son aide pour ses projets musicaux. Au moment où le producteur s'apprête à partir, à la fin de la séance de dédicaces, j'ose enfin l'aborder. Je lui dis : « Je suis loin de votre monde. Je m'appelle Kao je n'ai rien à perdre, j'ai écrit un titre avec la chanteuse Priscilla Betti qui s'intitule « Sous un ciel étoilé », et je souhaite tourner le clip à l'opéra de Nice. Je cherche à ce que l'on finance cette vidéo. » Une conversation démarre. Il me donne son numéro au moment de partir et me demande de l'appeler trente minutes après. Les clients de la Fnac qui ont assisté à la scène n'ont pas compris ce qui se passait – et moi non plus, je dois bien l'avouer. « Ton discours, ta persévérance m'ont touché, me confiera-t-il plus tard. Je te propose que l'on travaille ensemble. » Un homme de parole : l'année suivante, le clip de la chanson est tourné à l'opéra de Nice grâce à la Ville de Nice et aussi Jean-Claude Camus qui a participé à la production et au financement du clip.

Entre 2019 et 2020, j'ai pu réunir 40 célébrités dans un clip en soutien aux enfants malades. Des personnalités comme Soprano, Amir, Franck Dubosc, Mado la Niçoise ou encore Pascal Légitimus... L'argent généré par le streaming est reversé à la fondation Lenval. Tout cela a été organisé de façon artisanale, du fameux onzième étage ! Fondée en 1888 et reconnue d'utilité publique depuis 1893, la fondation Lenval utilise les sommes perçues pour améliorer le quotidien des enfants malades à travers l'achat de matériel médical, ou en finançant équitablement les projets des associations travaillant avec elle. Une fierté pour moi que de contribuer à cette noble cause. Cet engagement ne passe pas seulement par l'argent. Le plaisir est aussi d'accueillir, sur le tournage du clip « Deviens quelqu'un », Paloma, quinze ans, atteinte d'une maladie génétique rare, la neurofibromatose de type 2, pour un moment musical piano/voix. Une action dans la continuité de mon soutien à l'association Princesse Paloma qui aide l'adolescente. En octobre 2021, nous avons réussi à organiser une vente aux enchères avec des objets tels que le maillot de l'OGC Nice ou la ceinture de Teddy Riner. Près de 20 000 euros ont été récoltés au profit de l'association. À cœur vaillant, rien d'impossible ! Je profite de l'audience qui est la mienne pour mettre régulièrement au point des projets en faveur des personnes dans le besoin, vulnérables, ayant besoin d'un soutien. Les concerts gratuits, les appels aux dons pour Les Restos du cœur, par exemple, sont des actions que je mets en place depuis plusieurs années. Je n'oublie pas que Les Restos du cœur ont aidé ma mère lorsqu'elle était à la rue. À moi de rendre la monnaie en son nom.

Tous les projets que je mène ont un sens particulier. Le fait d'être père ne doit pas y être pour rien. Ainsi, ma propre marque de vêtements a pu voir le jour en 2018, et le nom que je lui ai donné : « Sans arme ni haine ni violence » a une signification particulière. C'est un clin d'œil à Albert Spaggiari à l'origine du « casse du siècle » survenu en juillet 1976 à la Société générale de Nice. Avant de quitter les lieux, il inscrira sur le coffre : « Ni armes, ni violence et sans haine ».

Projets de demain

Il y a près d'un an, sur Facebook, Gérald, un contact qui apprécie mon travail, m'apprend qu'il est ami avec Olivier Marchal. Pour être honnête, le seul « Marchal » que je connaissais à ce moment-là était le journaliste niçois Alain Marschall travaillant sur RMC/BFM ! Mon ami m'explique qu'il s'agit d'un des plus grands réalisateurs français et me conseille de regarder les films *Bronx*, *36 quai des Orfèvres* ou encore *Les Rivières pourpres*. Je lance le premier sur l'écran sans grand enthousiasme, n'étant généralement pas fan des films français. C'est pourtant une révélation, j'ai un véritable coup de cœur. J'appelle Gérald et lui dis que j'ai écrit une chanson, « Sous le même drapeau », traitant du vivre-ensemble. Je souhaite qu'Olivier Marchal l'écoute. Il m'explique que le cinéaste est très occupé. Mais je ne désespère pas et envoie le morceau à Gérald, qui est sous le charme. Il écrit alors un mot à Olivier Marchal et m'appelle le lendemain pour me tenir au courant : « T'as énormément de chance, il a aimé ta chanson, il va te contacter. » Un mois plus tard, toujours rien, aucune nouvelle du réalisateur. C'est en revanche Gérald qui me rappelle, agacé : « Tu fais n'importe quoi, Olivier t'a appelé trois fois, tu ne réponds pas ! » Et pour cause : le numéro qu'il avait n'était pas le bon ! On corrige cette erreur et quelques jours plus tard, le cinéaste me laisse un message, me précisant qu'il m'apprécie et qu'il veut tourner le clip de « Sous le même drapeau ». Je n'osais y croire. Je n'étais pas né pour cela ! Après ses engagements, ses tournages, Olivier Marchal a repris contact avec moi pour commencer la réalisation. Nous travaillons ensemble cette année à ce projet qui prend une forme que je n'aurais jamais soupçonnée. Cette rencontre, cette collaboration, personne n'aurait misé dessus. Elle est le fruit du travail, d'un peu de chance et de beaucoup d'espoir.

J'ai toujours joué au football, à L'Étoile sportive de Saint-André, le club de foot de la ville. Avec les copains, chaque week-end, dès que l'ascenseur de l'immeuble s'ouvrait, on sortait en courant, les voisins pouvaient entendre le bruit des crampons. Je n'avais pas la chance d'aller voir les matchs de l'OGC Nice, ce n'était pas le truc de mon grand-père, qui préférait la télévision aux stades. Des années plus tard, j'écris la chanson « Nissa ». Je rêve de pouvoir collaborer avec ce club dont je suis un fervent supporter. J'envisage d'en pousser un jour la porte...

Autour de moi, j'entends que Nice est une ville raciste, que je suis arabe, que ça ne marchera jamais – pas de quoi me décourager. Je me présente et je rencontre Virginie Rossetti, chargée de la communication du club. Je lui explique le titre, mon idée de mettre à l'honneur et de remercier l'OGC Nice. Et cela fonctionne ! En 2013, je tourne le clip de « Nissa » avec des joueurs comme Alexy Bosetti, Jérôme Ardissone et Éric Bauthéac. L'année suivante, le morceau est joué à la mi-temps de Nice/Lorient, le 19 avril 2014.

Mon clip a été diffusé sur les écrans géants du stade avant chaque match, pendant toute une saison – une fierté pour le rappeur niçois que je suis. La même année, je reçois des mains du maire Christian Estrosi la médaille des cent cinquante ans de la ville pour mes actions en faveur de Nice et du club de foot. Le clip de la chanson « Légendaires », un hommage à ma ville, aux 86 victimes de l'attentat terroriste qui nous a touchés en 2016, au club, a également bénéficié du soutien de l'OGC Nice. À la fin du dernier match de la saison, le président du club, Jean-Pierre Rivère, me prend la main et me glisse : « Tu vas faire le tour d'honneur avec les joueurs, avec les copains » – juste avant le feu d'artifice. Je lui réponds que je ne veux pas manquer de respect aux joueurs. Il me rassure : « Tu fais partie de l'équipe », cette équipe que je n'ai jamais vue étant petit. Je fais donc le tour du stade avec les joueurs, les spectateurs hurlent mon nom et celui de mon fils que je tiens dans les bras. Ce moment reste marqué à jamais dans mon esprit...

Les contacts avec le club perdurent. Ils se sont même intensifiés au fil des années. Si bien qu'en 2018, alors que ma fille vient de naître, on me demande de passer au stade avant un match. Et là, je découvre la photo de mes enfants sur écran géant. Peu avant le match, je me retrouve donc au milieu du stade, avec mon fils dans les bras, devant cette magnifique photo. Quel cadeau... Pour le gamin de la Ddass que je suis, c'est un événement extraordinaire. Et quelle émotion que de chanter sur la pelouse devant 30 000 spectateurs. Ces anecdotes, ces rencontres, ces moments de gloire et de doute, je les ai vécus grâce au rap, grâce à un rap conscient qui parle à un public varié.

Après-demain

Peu importe le rêve, tout est possible avec persévérance et patience. Avoir des rêves et des objectifs devient une drogue. Je me rends compte de la dépendance qui est désormais la mienne : je cherche l'excitation de mes premiers succès, comme un premier shoot d'adrénaline – un tunnel sans fin, faire davantage, ne pas s'arrêter. Enfant de la Ddass, j'ai conscience de mes blessures, de ce besoin de reconnaissance et d'affection, une soif jamais étanchée. J'aimerais la reconnaissance de mon grand-père adoptif. Sans toujours m'en rendre compte, je cours certainement après. Mais aimer c'est montrer et dire, c'est aussi exprimer ses erreurs et ses faiblesses… Et cet homme a bien trop d'ego pour cela. On touche ici à ses limites.

Contrairement à certains artistes, la gloire ne m'intéresse pas. La gloire, c'est plus des emmerdes qu'autre chose… La reconnaissance rime avec légitimité. Après tout, ne dit-on pas que l'on reconnaît un enfant à sa naissance par exemple ? La reconnaissance entraîne une forme d'identité, elle établit une existence. À chaque fois que je passe dans les médias, et surtout à la télévision ou à la radio, j'espère que mon grand-père adoptif est devant son poste, avec son éternel cigare, et qu'il se dit : « Il n'a pas mis un pied en prison, il n'a pas fait le con, il est là, droit. » Paradoxalement, les gens qui te blessent le plus dans la vie sont parfois ceux qui t'apportent le plus. Le rap me permet d'évoluer dans la vie avec une identité sociale marquée, il m'aide à me construire. Mes engagements dessinent mon portrait, façonnent mon être.

Quoi qu'en disent mes détracteurs, les gens qui écoutent ma musique n'appartiennent pas à un profil type. J'ai suffisamment de contacts avec eux pour le savoir. Ils votent écolo ou RN, ils se disent de gauche, de droite, il y a des enfants, des mères au foyer, des commerçants, des jeunes de banlieue, des fonctionnaires, des retraités… Mon parcours atypique, loin des conventions, attire des personnes venues d'horizons très différents, à la recherche de textes ayant du sens pour elles. Une véritable communauté s'est créée, qui répond présent lorsqu'il s'agit de mettre en place des opérations à destination des personnes dans le besoin.

Le 21 juillet 2021, j'ai signé avec une maison de disques, avec un producteur. J'ai désormais un label. Cette date n'a pas été choisie au hasard : elle correspond à l'anniversaire du décès de ma mère. Tout un symbole pour moi. Depuis longtemps, j'imagine la vie comme une course à pied, tout le monde sur la même ligne de départ. À ceci près que certains sont dopés, et moi, tentant de les rattraper, je m'essouffle. Je ne veux pas courir, je préfère marcher, et je vois doucement la ligne d'arrivée approcher. Beaucoup pensent qu'un enfant de la Ddass a plus de chance de reproduire ce qu'il a subi qu'offrir à ses enfants un bel avenir. Pour ma part, je suis père de famille, amoureux du rap, tentant d'inculquer des valeurs d'humilité, de dépassement de soi, de solidarité à mon fils et à ma fille. Je ne reproduirai jamais les erreurs de ma mère ni les fautes de mon père. J'aime à croire que dans quelques années, mes enfants seront fiers de moi, de mon parcours, des valeurs que je leur ai transmises, et qu'ils brandiront à leur tour le drapeau français.

« Sous le même drapeau »

[Couplet]

Ça veut changer le monde, ça agit comme des animaux
Autour d'la table ronde, les discours sont de bas niveau
Ça revendique la liberté d'expression à tout va, quitte à cracher sur le drapeau
Révolution de caniveau
Premiers sur la provoc' et sur la victimisation
Ils parlent de violence policière, mais pas d'éducation ?
C'est normal avec une radio comme Skyrock, ils n'apprendront jamais le patriotisme et l'amour de la nation

La France a son histoire
J'ai mon rôle à jouer
Faire réfléchir est mon devoir
Même banni par la gloire, ouais !
J'm'appelle Karim, j'aime la France et son décor
Mes prises de position m'ont valu de jolies menaces de mort
Je porte une importance particulière aux métaphores
Libre de dire ce que je pense, je me tape de leurs disques d'or
Mon pays est malade
Je prends la température restant loin des caricatures, j'veux soigner ses plaies, ses fractures

[Refrain]

J'ai pas envie de plaire ou d'rentrer, ni d'rentrer dans l'troupeau
Je pèse chacun de mes mots en défendant mes propos
Tous sur le même radeau
Tous sur le même bateau

Tous unis
Tous fiers
Tous sous un même drapeau

[Couplet]

Rappeur, Algérien fier d'être français à cause de mes pensées, il faut qu'tu saches qu'ils sont prêts à me défoncer
Né à la Ddass, Marianne m'a appris le respect, la tolérance, le vivre-ensemble, l'amour elle m'a donné la paix
Gosse de la rue, c'est le sida qui a emporté ma mère
Vos p'tits rappeurs de merde font les caïds endormis par de l'herbe
Idolâtrer Satan, dis-moi tu t'attendais à quoi ?
Ils ont mangé l'cerveau de nos gosses en racontant n'importe quoi
J'me sers de mon micro comme d'un porte-voix
T'es avec moi au pied du mur, fais-moi confiance, porte-moi
Dessinons un nouveau monde, bâtissons à chaque seconde
Servons-nous du passé comme d'une leçon avant que l'espoir succombe
Instrumentaliser des faits divers pour diviser
Ça pousse à la révolte
Ça chante la haine sur un air de gratte
J'ai l'regard vide, le cœur ensanglanté, je reste pro face à leur haine à l'image de ce policier black

[Refrain]

J'ai pas envie de plaire ou d'rentrer, ni d'rentrer dans l'troupeau
Je pèse chacun de mes mots en défendant mes propos
Tous sur le même radeau

Tous sur le même bateau
Tous unis
Tous fiers
Tous sous un même drapeau.

Conclusion

Si ce livre est écrit par un homme engagé, il n'est pas celui d'un militant politique encarté dans un parti. Pourtant, force est de constater que mes propos, quand ils ne sont pas autobiographiques, relèvent de la politique. Pas au sens de ce que l'on pourrait appeler la politique partisane, celle des partis, parfois des postures sur fond de petits arrangements, mais au sens étymologique du terme, ce que les Grecs appelaient « *politikos* » et que l'on traduit par « qui concerne les citoyens, l'État » – de « *polis* », c'est-à-dire « la cité ». Il est tout naturel d'utiliser le rap conscient comme vecteur. Je n'ai pas fait un essai politique, à vrai dire j'en serais bien incapable, cela ne relève pas de mes compétences. Cependant, j'aime à croire que mon expérience de vie peut comporter quelques enseignements précieux à notre société. À travers ma carrière artistique et professionnelle, j'ai compris que peu de portes étaient réellement fermées.

Le diagnostic, l'indignation apparaissent insuffisants. Déplorer le manque de civilité, l'ensauvagement d'un pan de notre société, la perte de repères, est une chose, agir en est une autre. En tant qu'artiste médiatisé, j'estime avoir un rôle à jouer, notamment à l'égard des jeunes générations. Afficher sa fierté d'être français ne doit pas être considéré comme honteux. L'amour de son pays n'a aucune couleur politique. Et défendre les institutions qui nous protègent ne devrait pas être perçu comme une impertinence. Malheureusement, ceux qui aiment à se dire tolérants et ouverts sur le monde se révèlent souvent les plus sectaires. Que craignent-ils ? D'être « contaminés » par des idées différentes des leurs ? Toujours est-il que mes prises de position m'ont valu d'être ostracisé par une partie du monde du rap. Pas de quoi me faire taire. D'autres m'ont fait confiance et continuent de me soutenir. Cela me permet aujourd'hui de travailler avec de grands noms. Rares sont ceux qui auraient parié sur moi petit, et pourtant… Mettre en perspective ma vision de la société française avec la musique rythme désormais mon quotidien.

Ce livre s'inscrit dans une période particulière, celle des campagnes présidentielles, puis législatives de 2022. Comme toute grande échéance électorale, ces scrutins mettent en lumière les attentes des Français, leurs difficultés, leurs souhaits. J'observe avec attention les offres politiques. Contrairement à bien des rappeurs, les valeurs républicaines ont une importance majeure dans ma vie et dans ma musique, et je crois en l'action politique qui en découle. Voter est mon devoir. L'abstention progresse à chaque élection, bon nombre de Français désertent l'isoloir. Comme d'autres rappeurs avant moi, je ne peux qu'appeler à la mobilisation.

En tant que père de deux jeunes enfants, je suis soucieux de l'avenir. En tant qu'artiste, je veux profiter de mon public, véritable moteur, pour porter un message d'espoir grâce à un rap positif. Et qu'importe si la mode est à l'invective et à la provocation ! Si les grandes radios passent encore peu mes titres, si je plais avant tout à une niche d'amoureux de ce rap, à défaut d'un gigantesque succès commercial, cela sera un succès d'estime. Et je ne me serai jamais compromis, ce qui demeurera ma fierté dans un monde si difficile.

« Être président »

[Couplet]

Être président, c'est donner sa vie aux Français
Être l'homme fort face aux incidents sans jamais renoncer
Ne rien promettre à cœur vaillant comme tous ces ouvriers
Savoir rester honnête, exigeant sans jamais vouloir briller

C'est savoir penser aux autres et non pas à son compte
Savoir rester un homme face aux lobbys, ne pas devenir guignol
Ne pas dire ce que les gens attendent qu'on leur dise
Plus de plan com' que des actes le rêve est brisé trop s'isolent

L'abstention augmente comme l'inflation depuis dix ans
On veut me faire croire qu'elle baissera si on donne le droit de vote à seize ans
J'imagine les pro-Skyrock voter sur TikTok
Le poids du bulletin trop lourd, leur colonne vertébrale se disloque

[Refrain]

Être président, c'est gérer l'avenir de nos mômes
Être président, c'est gérer l'avenir de ce monde
Être président
Vous voulez tous le trône
La France est un royaume sans couronne auquel je rends hommage

[Couplet]

Vous parlez régalien, sécurité sur les plateaux TV
Les habitants des quartiers nord marseillais se sentent oubliés

Envahis par la racaille, des checkpoints en bas des blocs
Des armes à feu, des gosses qui meurent dans le trafic de shit et de coke

Des religieux fanatiques extrémistes voulant tuer Marianne
Nos quartiers sont des jungles où chaque dealer veut préserver sa liane
En parallèle des étudiants dorment dans leur voiture
Nos retraités n'ont pas de quoi se chauffer et rêvent de nourriture

Le travailleur smicard flippera pour mettre son plein d'essence
Les factures de gaz et d'EDF tuent en silence
Vous voulez tous le trône ? Certes il y a la puissance
Tensions et souffrances ; êtes-vous assez forts pour la France ?

[Refrain]

Être président, c'est gérer l'avenir de nos mômes
Être président, c'est gérer l'avenir de ce monde
Être président
Vous voulez tous le trône
La France est un royaume sans couronne auquel je rends hommage

[Couplet]

Ce que nous voulons : de la sécurité et des embauches
Certains ont trop d'ego et c'est le même qui a tué la gauche
Hors sol comme Hidalgo, incompétents, il y en a partout
Le savoir est une arme, promis je ne vous viserai pas monsieur Poutou
Posez l'écharpe tricolore et sortez de ma vue

Irresponsables et dangereux en disant que la police tue
Idem pour Obono, je n'oublie pas tous vos propos
Pourquoi dire : « Vive la France » ? Parce qu'elle t'a donné un boulot
Parlons du divorce entre la politique et les Français
Balkany, Cahuzac, Fillon, DSK, rien de romancé
Il faut tout recommencer, développer des projets censés
Donner l'envie de repartir aux urnes avec du concret
Ouvrir les yeux aux jeunes en leur disant que leurs voix comptent
Mais les mêmes jeunes à qui je m'adresse viendront me traiter de con
Con car je parle de politique, ce n'est pas une banalité
Con car je n'ai pas le QI de leurs stars de téléréalité
Je vis dans un pays où beaucoup de gens ne rêvent plus
Je vis dans un pays où beaucoup de gens ne votent plus
Je vis dans un pays où beaucoup parlent mais peu agissent
Je vis dans un pays que je chéris plus que ma vie

Ils ont oublié l'histoire, ils ont oublié d'aimer
Ils ont oublié l'histoire et ils n'iront pas voter
Voter
Voter
Voter…

Remerciements

Pour ma ville, Nice.

Pour ma France.

À Mamie, ma petite sœur, mon petit frère, Jean-Claude Camus, Jean-Pierre Rivère, Christian Estrosi, Bernard Gonzalez, Virginie Rossetti, Nicolas Bernard, Anthony Borré, Véronique Borré, Shurik'N, Said Radjiabou, Olivier Marchal, Didier Deschamps, Éric Bauthéac, Alexy Bosetti, Romain Genevois, Walter Bénitez, Pierre Andréani, Princesse Paloma, Jean-Pierre Lafon, Sonia Mabrouk, Cédrice Boissole, Julien Richier et sa famille…

À toutes les personnes que j'ai eu la chance de croiser sur mon petit chemin.

À ceux qui m'ont apporté leur confiance et leur amour. À mes éducateurs du foyer Capietto et à vous, monsieur le policier – vos mots ont changé ma vie, ce livre vous est dédié.

À ma fille Lana, à mon fils Kylian ; quand vous serez en âge de comprendre le sens de cet ouvrage, j'espère que vous serez fiers de papa. Je vous aime.

Kao

Table des matières

Composition et mise en pages
Nord Compo à Villeneuve-d'Ascq

PEFC
10-31-3532

Certifié PEFC

Ce produit est issu de forêts gérées durablement et de sources contrôlées

www.pefc-france.org

Imprimé en France sur papiers
issus de forêts gérées durablement

Sepec Numérique

1, rue de Prony - ZA des Bruyères
01960 Peronnas

IMPRIM'VERT®

Achevé d'imprimer en Mai 2022
Numéro d'impression : N17932220282